*For Lisa Hunt and Karen Zuegner,
meine lieben Freundinnen
und Weggefährtinnen in der Kunst,
in Wertschätzung und Inspiration..*

Die Weisheit der Göttinnen

Das Praxisbuch zum Orakel

Texte und Illustrationen von

Kris Waldherr

Aquamarin Verlag

Goddess Inspiration Oracle Guide © 2007 by Kris Waldherr. All rights reserved. No part of this book may be used or reproduced in any manner whatsoever, including Internet usage, without written permission from Llewellyn Publications, except in the case of brief quotations embodied in critical articles and reviews.

Übersetzung aus dem Amerikanischen von Astrid Ogbeiwi und Peter Michel

ISBN 978-3-89427-379-8

Besuchen Sie The *Goddess Inspiration Oracle* online auf www.goddessinspiration.net.

1. Auflage 2007
© der deutschsprachigen Ausgabe: Aquamarin Verlag GmbH
Voglherd 1
D-85567 Grafing
www.aquamarin-verlag.de

© der Amerikanischen Originalausgabe: Llewellyn Publications
Woodbury, MN 55125-2989, U.S.A.

Printed in China

Inhalt

Teil eins

Einführung 11
Der Umgang mit dem Orakel 20

Teil zwei:
Die Göttinnen-Karten

Abeona 31
Aditi 32
Aine 33
Ajysit 34
Amaterasu 35
Annapurna 36
Anukhet 37
Astarte 38
Athene 39
Baba Yaga 40
Bastet 41
Benzai-ten 42
Berchta 43
Brigitta 44
Changing Woman 45
Chang O 46
Cimidye 47

Danu	48
Demeter	49
Diana	50
Erda	51
Erzulie	52
Fortuna	53
Freia	54
Fricka	55
Gaia	56
Glispa	57
Gwenhywfar	58
Haltia	59
Hathor	60
Haumea	61
Hekate	62
Heqet	63
Hera	64
Hsi Wang Mu	65
Huchi-Fuchi	66
Hygieia	67
Iduna	68
Inanna	69
Isamba	70
Isis	71

Juno	72
Kali Ma	73
Kishijoten	74
Kwan Yin	75
Kybele	76
Lakshmi	77
Lalita	78
Maia	79
Maman Brigitte	80
Mama Quilla	81
Die Moiren	82
Die Musen	83
Mut	84
Nügua	85
Nut	86
Nyai Loro Kidul	87
Ogboinba	88
Oshun	89
Oya	90
Pajau Yan	91
Pele	92
Persephone	93
Psyche	94
Rati	95

Rhiannon 96
Saci 97
Saraswati 98
Sekhmet 99
Shakti 100
Sophia 101
Spinnenfrau 102
Tara 103
Tlazolteotl 104
Ukemochi 105
Venus 106
Xochiquetzal 107
Yemanja 108
Zhinu 109
Die Zoryas 110

Teil drei:
Zusätzliche Information
Über die Bildert 113
Über Kris Waldherr 117

Teil eins

Odysseus
„ ... Nun weint' Odysseus sein Vaterland wieder,
Wankt' umher am Ufer des lautaufrauschenden Meeres,
Und wehklagete laut. Da nahte sich Pallas Athene,
Eingehüllt in Jünglingsgestalt, als Hüter der Herden,
Zart und lieblich von Wuchs, wie Königskinder einhergehn.
Diese trug um die Schultern ein wallendes feines Gewebe, ...
Als sie Odysseus erblickte; da freut' er sich, ging ihr entgegen."

– HOMER, ODYSSEE, DREIZEHNTER GESANG –

Das Zitat aus der Odyssee wurde www.digbib.org entnommen.

Einführung

Inspiration. Schon das Wort an sich schafft Weite. Es erinnert an das belebende Einatmen von Luft in die Lungen, das uns mit Energie erfüllt. Es weckt das Bild einer Welt voller zauberhafter Möglichkeiten, die sich in einem plötzlichen Lichtblitz entlädt. Haben wir nicht alle schon einmal jemanden sagen hören: „Ich wusste überhaupt nicht mehr, was ich noch tun sollte. Und dann kam plötzlich wie von Zauberhand die Inspiration!"

Woher kam diese Inspiration? Was ließ sie Gestalt annehmen?

Schon das Wort Inspiration selbst lässt durchscheinen, wie es entstand. Die erste Silbe „in" bedeutet, etwas einschließen, dem Grenzenlosen Grenzen setzen. Sie zwingt etwas Gestaltloses, Gestalt anzunehmen – etwa so wie wenn Wasser in einen Becher oder Luft in einen Ballon gefüllt wird. Seine zweite Silbe „spir" stammt von dem lateinischen Wort „spiritus", das wörtlich *Atem*, im übertragenen Sinne *Geist* bedeutet. Inspiration bedeutet also, etwas Leben einzuhauchen, es zu beseelen, es mit Geist zu erfüllen.

Inspiration. Geist in uns aufnehmen. Wie die Luft um uns, können wir auch Inspiration nicht sehen. Dennoch ist sie da. Und sie beseelt uns immer dann, wenn wir es am wenigsten erwarten.

Die meisten Menschen verbinden den Begriff Inspiration mit dem geheimnisvollen Schaffen von Künstlern und Dichtern. Auch wenn

Inspiration in erster Linie mit künstlerischen Vorhaben in Verbindung gebracht wird, so ist sie doch weit mehr als das. Sie erschließt uns Möglichkeiten jenseits dessen, was wir mit unserem rationalen Verstand wahrnehmen können. Manchmal zeigt sie sich als Intuition und inneres Wissen, das uns oft behütet und beschützt. Vor allem aber ermöglicht uns die Inspiration, eine unschätzbar wertvolle Fähigkeit einzusetzen. Ich nenne sie „flexibles Denken".

Flexibles Denken ist die Fähigkeit, das Schubladendenken zu verlassen, um so die Lösung für ein Problem zu finden, das unlösbar scheint. Es ist nicht linear, es steht uns plötzlich als Bild vor Augen und kommt nicht wohlgeordnet im Rahmen einer einleuchtenden Antwort daher, die sich empirisch herleiten ließe. Flexibles Denken macht uns empfänglich für neue Möglichkeiten, es lässt uns nach innen lauschen, bevor wir handeln. Es macht uns Mut, uns zu biegen wie die Weide im Wind, statt bei Widrigkeiten gleich zu zerbrechen.

Wenn wir uns nach der bekannten Weisheit richten wollen, wonach das Weibliche das empfangende Prinzip (oder Yin) und das Männliche aktiv (oder Yang) ist, dann ist flexibles Denken weiblich – göttlich weiblich, wenn Sie so wollen. Dasselbe gilt auch für die Inspiration.

Als Vertreterinnen des Göttlich-Weiblichen wurden zu allen Zeiten Göttinnen verehrt, für ihre Fähigkeit nämlich, die Inspiration zu fördern. Im alten Griechenland ehrte man die Musen für ihre Gabe, gelehrten und künstlerischen Werken Leben einzuhauchen.

Die keltische Göttin Brigitta wurde angerufen, wenn man um den zündenden Funken der Kreativität bitten wollte. Imbolc, ihr Feiertag, wurde an jedem 1. Februar begangen. Dazu gehörten auch Rituale zur Förderung der Kreativität. Das Orakel der nordischen Erdgöttin Erda lud die Sterblichen dazu ein, im Abbild der Natur ihre Inspiration zu finden. Der göttliche Wille war an der Bewegung der Meereswogen oder am Zug der Wolken am Himmel abzulesen.

Dies sind nur drei Beispiele, wie Göttinnen uns die Inspiration schenken, die wir benötigen, um unser Leben zu verwandeln. In *Die Weisheit der Göttinnen* finden Sie noch siebenundsiebzig weitere, insgesamt also achtzig Gottheiten, die wesentliche Aspekte des Göttlich-Weiblichen verkörpern.

Über das Göttlich-Weibliche und die Göttinnen

Die Weisheit der Göttinnen stellt Ihnen die Weisheit des Göttlich-Weiblichen auf eine Art vor, die Sie inspirieren soll. Was aber ist das Göttlich-Weibliche oder das Heilige Weibliche, wie manche sagen?

Durch den großen Erfolg von Dan Browns *Sakrileg* (verfilmt als *Der Da Vinci Code*) hat das Göttlich-Weibliche in den letzten Jahren viel Aufmerksamkeit erlangt. Deshalb glauben manche vielleicht, das Göttlich-Weibliche berühre am Rande den Themenkomplex um Maria Magdalena und die unterdrückte Geschichte der Frauen im Christentum. Aber das Göttlich-Weibliche ist mehr als Maria Magdalena, so sehr sie auch in ihrer wahren Bedeutung verkannt worden sein mag. Es erstreckt sich viel weiter und umfasst die angeborene Weisheit und Kraft, die so viele Frauen überreich besitzen, ja den Geist, der uns beseelt.

Wie ich bereits in meinen früheren Büchern gesagt habe, wurde das Göttlich-Weibliche durch alle Zeiten hindurch unter anderem in Gestalt von Göttinnen verehrt – Frauen von heiliger und ewiger Macht. So standen diese göttlichen Frauen für die Sorgen und Nöte der Menschen, die sie verehrten. Man bat die Göttinnen um eine reiche Ernte, eine gute Geburt, ein glückliches Leben nach dem Tod und vieles mehr. Mit anderen Worten, sie hatten die Oberhoheit über alle Aspekte des Lebens und des Todes.

Manche glauben, viele dieser Göttinnen seien aus einer Höchsten Dreifachen Göttin hervorgegangen. Ähnlich wie die christliche Dreifaltigkeit aus Vater, Sohn und Heiligem Geist, aber älteren Ursprungs, spiegelte die Dreifache Göttin traditionell die drei Phasen im Leben einer Frau: Jungfrau, Mutter und Großmutter. Jede dieser Göttinnen stand im Einklang mit einer Mondphase, wobei der zunehmende Mond das Mädchen, der Vollmond die Mutter oder fruchtbare Frau und der abnehmende Mond die Alte oder die Frau nach der Menopause bezeichnete.

Als die Menschen in ihren spirituellen und emotionalen Bedürfnissen anspruchsvoller wurden, so nimmt man an, wurde die Dreifache Göttin in unzählige Einzelgöttinnen aufgeteilt. Jede dieser Göttinnen steht für einen anderen Aspekt des Lebens. Zusammengenommen ergeben sie die komplexe und all-umfassende Kraft des Göttlich-Weiblichen.

Genau wie uns die Göttinnen im gesamten Lauf der Geschichte ständig begegnen, ist auch Inspiration auf der Welt immer gegenwärtig, davon bin ich fest überzeugt. Als Künstlerin und Autorin erlebe ich das ständig – selbst die Idee zu diesem Deck kam als plötzliche Eingebung in einem Moment, in dem ich dies am allerwenigsten erwartet hätte. Manchmal jedoch ist uns Inspiration nicht in dem Maße zugänglich, wie wir uns das wünschen. In solchen Zeiten geistiger Leere können uns Hilfsmittel wie *Die Weisheit der Göttinnen* wieder empfänglich machen für das Wissen, das wir dann dringend benötigen.

Über Orakel
Orakel haben die zweifache Aufgabe, sowohl die Botschaft als auch ihr Überbringer zu sein.

In der Antike bezeichnete der Begriff Orakel den Ort, an dem Prophezeiungen empfangen wurden, aber auch die Person, die diese Prophezeiungen übermittelte. Ein berühmtes Beispiel ist das Orakel von Delphi auf dem Berg Parnass im Herzen des Griechischen Weltreichs. Es war den Gottheiten Apollon und Gaia geweiht, und hier dienten zahlreiche Priesterinnen, die sogenannten Pythias. Pilger reisten von weit her, um das Orakel von Delphi zu befragen und maßen allem, was ihnen hier gesagt wurde, große Bedeutung bei.

In einem Artikel, der 2001 in der Zeitschrift *National Geographic* erschien, wird vermutet, dass die Weissagungen der Pythia durch Äthylen ausgelöst wurden, einem Gas mit narkotischer Wirkung, das dort der Erde entströmte. Wahrscheinlich versetzte es die Priesterinnen in die Lage, ihren bewussten Verstand zu umgehen und so die benötigte Botschaft von der anderen Seite zu empfangen.

Heute verstehen viele unter einem Orakel nur noch die Botschaft als solche. Wie der Medienkritiker Marshall McLuhan sagt, ist heute das Medium die Botschaft. Das vom Orakel vermittelte Wissen bietet dringend benötigte Informationen aus einer neuen Quelle, womit hoffentlich die menschliche Fehlbarkeit umgangen wird. Das Orakel kann eine Weissagung sein, uns aber auch lediglich einen objektiven Spiegel vorhalten, in dem wir eine bestimmte Situation sehen können.

Doch welche Definition uns auch lieber ist, die Funktion eines Orakels bleibt immer dieselbe: Orakel geben Informationen. Wie wir diese Informationen deuten und was wir damit anfangen, das liegt an uns. Oft lassen sie uns Synchronizität erleben. Mit diesem Begriff bezeichnete der Schweizer Psychoanalytiker Carl Gustav Jung eine Folge scheinbar zufälliger Ereignisse, die sich in unserem Inneren verbinden und dadurch tiefere Bedeutung erlangen.

Bei einem Orakel verbinden sich unsere persönlichen Erfahrungen im Wege der Synchronizität mit dem Orakelspruch, und es entsteht eine Botschaft, die einzig und allein zu unserer Situation passt.

Dadurch hilft uns das Orakel, Informationen freizulegen, über die wir tief in unserer Psyche bereits verfügen. Es gibt uns die Freiheit, mit neuen Augen zu sehen.

Über das Orakel *Die Weisheit der Göttinnen*
Seit undenklicher Zeit werden Orakel genutzt, um Inspiration durch die Göttin zu erlangen. Es ist mein inniger Wunsch, dass *Die Weisheit der Göttinnen* diese Tradition fortführt.

Für *Die Weisheit der Göttinnen* habe ich mich von den über einhundert Göttinnen inspirieren lassen, die ich in meinem Leben bisher in Malerei und Text beschrieben habe. Unter ihnen wählte ich achtzig Göttinnen aus, die ein breites Spektrum weiblicher Anliegen vertreten. Im Laufe meiner Arbeit entstanden aus ihren Geschichten und meinen Bildern fast wie von selbst inspirierende Botschaften. Diese Botschaften schenken oft kreative Lösungen, Trost und Stärkung – und vor allem neue Gesichtspunkte. Sie sollen als Wegbereiter der Veränderung wirken.

Zwar habe ich bereits ein Deck geschaffen, das dem Göttlich-Weiblichen gewidmet ist – das Goddess Tarot (Königsfurt, 2005) – aber *Die Weisheit der Göttinnen* soll diese Weisheit allen Frauen zugänglich machen, nicht nur Tarot-Kennerinnen. Es zeichnet ein Portrait des Göttlich-Weiblichen, das über die wunderbar gehaltvollen Archetypen des Tarot hinausreicht.

Ich glaube, dass wir von göttlicher Inspiration umgeben sind, dass sie in unserem Alltag oft in weltlicher Gestalt erscheint, um uns zu sagen, was wir wissen sollten. Auch die Menschen der alten Zeit glaubten dies. Das Orakel der Erda, von dem ich an früherer Stelle sprach, erinnert uns daran, dass unsere natürliche Umgebung uns heilige Botschaften der Göttin übermitteln kann.

Ein weiteres schönes Beispiel für die Inspiration der Göttin wird in Homers Odyssee geschildert. Auf seiner langen Reise vom Trojanischen Krieg nach Hause zu seiner Frau Penelope erscheint Odysseus mehrfach unerkannt die Göttin Athene und hilft dem Krieger in höchster Not. Manchmal verwandelt sich die Göttin in seinen treuen Freund Mentor, dann wieder nimmt sie die Gestalt eines Fremden an, der just im richtigen Moment am richtigen Ort ist. So versorgt Athene Odysseus und seine Gefährten immer mit genau den Informationen, die sie im jeweiligen Augenblick brauchen, ohne ihre Göttlichkeit zu enthüllen.

Diese „glücklichen Begegnungen" ereignen sich öfter als uns bewusst ist. Wir erhalten die göttliche Inspiration, derer wir bedürfen, um unser Leben zu verändern, aber erkennen sie in ihrer verkleideten Gestalt nicht. In einem Roman oder Film tut man solche glücklichen Zufälle gern als sogenannten *deus ex machina* ab, als den Gott oder die Göttin aus der (Theater-) Maschine, und in gewisser Weise sind sie das ja auch, im besten Sinne des Wortes.

Die Weisheit der Göttinnen wurde geschaffen, um Sie für solche Erfahrungen empfänglicher zu machen und damit wiederum diese Erfahrungen durch die verbesserte Empfänglichkeit zu fördern. Es will ein Instrument sein, mit dem wir die Inspiration des Göttlich-Weiblichen zu uns einladen können, wenn wir sie dringend brauchen.

Wir sind dazu bestimmt, Wesen voller freudiger Inspiration zu sein, die vor quicklebendigem Geist geradezu überströmen. Möge *Die Weisheit der Göttinnen* Ihr Leben mit Inspiration beseelen und Ihnen ein tiefes persönliches Erleben des Göttlich-Weiblichen schenken.

Der Umgang mit dem Orakeldeck *Die Weisheit der Göttinnen*

Die Weisheit der Göttinnen ist absichtlich einfach aufgebaut. Es soll für alle Menschen anwendbar sein, gleich ob sie bereits Vorkenntnisse über Göttinnen haben oder nicht. Anders als bei einem Tarot-Deck, brauchen Sie hier kein eigenes System oder feststehende Kartenbedeutungen zu erlernen. Sie können *Die Weisheit der Göttinnen* aus der Schachtel nehmen und sofort anwenden. Alles, was Sie wissen müssen, steht auf den Karten und in diesem Buch. Darüber hinaus ist nur noch ein offener Geist erforderlich.

Die Weisheit der Göttinnen besteht aus achtzig alphabetisch geordneten Karten. Jede Karte zeigt das Portrait einer Göttin und gibt eine kurze Beschreibung der Eigenschaften, für die sie in ihrer Ursprungskultur verehrt wird. Außerdem enthält sie eine von der jeweiligen Göttin und ihrer Geschichte inspirierte Botschaft.

Diese Botschaften können auch als Affirmation verwendet werden. Affirmationen sind ein wertvolles Hilfsmittel, mit dem wir unsere persönlichen Erwartungen umformen können. Wie man das macht, erkläre ich am Ende dieses Kapitels.

Dieses Buch führt das Thema der Karten weiter aus. Es bietet Zusatzinformationen zu jeder Karte und Schlüsselbegriffe zu jeder Göttin. Diese Beschreibungen sollen es Ihnen leichter machen, die Energie der jeweiligen Göttin zu erkennen und sich damit zu verbinden.

Die Göttinnen, die ich Ihnen in *Die Weisheit der Göttinnen* vorstelle, stammen aus Überlieferungen und Kulturen aus der ganzen Welt. Ihr Spektrum reicht von bekannten Göttinnen (wie zum Beispiel der römischen Liebesgöttin Venus) bis zu weniger bekannten, die aber größere Beachtung verdienen (wie zum Beispiel der Ogboinba, der nigerianischen Göttin der Prophetie). Diese Göttinnen ergeben ein umfassendes Bild des Göttlich-Weiblichen in seinen vielen Formen und Funktionen.

Bei der Arbeit mit Göttinnen gibt es eine gewisse Tendenz, diese göttlichen Frauen in eher lichte oder eher dunkle Gestalten einzuteilen. Dabei meint der Begriff „licht" meist eine glückbringende Göttin, wie etwa Lakshmi, die hinduistische Göttin des Wohlstandes. „Dunkel" hingegen bezeichnet eine ungeheuer starke Göttin, wie zum Beispiel Pele, die stürmische Feuergöttin aus Hawaii. Ein solches Denken trennt Gottheiten in gute und schlechte, positive und negative, schwarze und weiße. Letztendlich begrenzt es unsere Erfahrungen des Heiligen.

Einige dieser Göttinnen wirken zwar durch ihre Macht zunächst einschüchternd, aber alle bieten positive, stärkende Inspiration. Wenn Sie bei der Begegnung mit einer bestimmten Göttin in *Die Weisheit der Göttinnen* eine Beklommenheit verspüren, dann könnte es sich lohnen, einmal näher hinzusehen, ob sie Sie vielleicht an etwas erinnert, das angenommen werden möchte oder ein Vorurteil berührt, das Sie loslassen sollten. Oft projizieren wir auf andere, was uns an uns selbst nicht gefällt. Sobald wir erkennen, dass wir dies tun, können wir uns davon befreien.

Die Arbeit mit dem Deck *Die Weisheit der Göttinnen*
Am besten machen Sie sich zu Beginn Ihrer Arbeit mit dem Deck *Die Weisheit der Göttinnen* erst einmal mit den Göttinnen-Karten vertraut, bevor Sie die Beschreibungen im Buch nachlesen. So können Sie eine direkte Beziehung zu den Karten und ihren Bildern aufbauen.

Fangen Sie an, indem Sie Ihre Karten bewusst in Besitz nehmen. Sie können ein Ritual entwickeln, um die Karten mit Ihrer Energie aufzuladen. Streichen Sie dazu mit Salbei über die Karten oder visualisieren Sie weißes Licht um sie herum. Sie können auch ein einfaches Gebet um Inspiration sprechen, wie zum Beispiel das Folgende aus dem Schönheitsgesang des Volkes der Navajo:

In Schönheit möge ich wandeln.
In Schönheit möge ich schauen.
In Schönheit mögen wir alle sein.

Ganz gleich, wie Sie vorgehen, wichtig ist, dass Sie Ihre Karten in bester Absicht aufladen. Bitten Sie sie, Ihnen nur positive, heilende Information und Inspiration zu geben. Bewahren Sie Ihre Karten an einem besonderen Ort auf, damit sie niemand anderer in die Hand nimmt.

Schauen Sie sich danach die Karten in aller Ruhe an. Auch während Sie Karte für Karte in die Hand nehmen, laden Sie sie mit Ihrer Energie auf. Achten Sie darauf, ob und welche Gefühle in Ihnen aufsteigen, während sie die einzelnen Karten betrachten – sie liefern beachtenswerte Informationen. Fühlen Sie sich zu bestimmten Göttinnen besonderes hingezogen? Welche Botschaften scheinen wie für Ihre momentane Situation gemacht? Gab es umgekehrt negative oder gleichgültige Reaktionen auf bestimmte Göttinnen? Wenn ja, wissen Sie warum?

Wenn Sie mögen, schreiben Sie diese Gedanken in ein extra Tagebuch. Nutzen Sie sie als Ausgangspunkt für automatisches Schreiben. Lassen Sie sich einfach von ihren Worten leiten, womöglich führen sie Sie an ungekannte Orte! Um Hemmungen abzulegen können Sie sogar die Göttinnen um Antwort bitten und sich einfach vorstellen, was sie wohl sagen würden.

Wenn Sie dieses kreative Hilfsmittel bis jetzt noch nicht verwendet haben, möchte ich es Ihnen kurz erklären. Automatisches Schreiben ist eine beliebte Übung, mit der Schriftsteller ihrer Inspiration auf die Beine helfen. Es baut die Barrieren zwischen dem bewussten und dem unbewussten Verstand ab. Stellen Sie für den Anfang einen Küchenwecker auf fünf Minuten ein. Setzen Sie dann den Stift aufs Papier und schreiben Sie. Lassen Sie sich von Ihrer Hand führen, nicht von Ihrem Gehirn. Beurteilen oder zensieren Sie sich dabei nicht! Ich weiß, das ist leichter gesagt als getan, aber beim automatischen Schreiben geht es um Freiheit, nicht ums Kritisieren. Wenn der Küchenwecker klingelt, hören Sie auf zu schreiben, auch wenn Sie gerade mitten in einem Satz sind.

Wenn Sie merken, dass Sie zu sehr auf Ihre Wortwahl achten, dann versuchen Sie einmal, mit der anderen Hand zu schreiben als der, mit der Sie das normalerweise tun. Wenn Sie also zum Beispiel Linkshänderin sind, dann versuchen Sie einmal, mit rechts zu schreiben. Manchmal bringt dieser Trick die dominante Seite des Gehirns dazu, die Hemmungen abzuschütteln.

Wenn Sie alle Karten betrachtet und sich mit dem, was Sie dazu geschrieben haben, auseinandergesetzt haben, dann lesen Sie die Beschreibungen zu den einzelnen Göttinnen in diesem Buch. Beachten Sie die Schlüsselbegriffe zu jeder Göttin. Achten Sie auch jetzt wieder auf Ihre Reaktionen, wenn Sie über die einzelnen Göttinnen nachlesen. Wozu fühlen Sie sich besonders hingezogen?

Nutzen Sie dabei die Beschreibungen im Text bitte nur als Ausgangspunkt für Ihre eigenen Assoziationen. Damit geben Sie der *Weisheit der Göttinnen* Ihre ganz persönliche Note und schaffen damit Ihre eigene Synchronizitätserfahrung.

Kartenlegen

Die einfachste Möglichkeit der Arbeit mit dem Deck *Die Weisheit der Göttinnen* ist das Ziehen einer einzelnen Karte.

Gönnen Sie sich zuerst einen Augenblick Zeit, um sich zu sammeln. Eine kurze Meditation oder das Entzünden einer Kerze kann Sie bereits in die richtige empfängliche Stimmung versetzen. Formulieren Sie dann Ihre Frage an das Orakel. Eine sorgfältig formulierte Frage kann die Qualität der Antwort verbessern. Worte zeigen unsere Absichten. Fragen wir etwa „Was muss ich im Augenblick wissen?" führt dies gewöhnlich zu einer hilfreicheren Antwort als eine Frage, die mit „ja" oder „nein" beantwortet werden kann. Das konzentrierte Formulieren der Frage erhöht zugleich die Konzentration des Geistes. So werden Sie empfänglicher für die Inspiration, die Ihnen angeboten wird.

Wenn Sie soweit sind, mischen Sie das Deck so oft Sie mögen. Heben Sie ab und nehmen Sie die Karte, die zuoberst liegt. Sie können die Karten stattdessen aber auch mit der Vorderseite nach unten auslegen und Ihre Hand führen lassen. Sie werden es spüren, wenn sie die „richtige" Karte berührt. Beim Mischen wird wahrscheinlich hin und wieder eine Karte aus dem Stapel in Ihren Schoß fallen. Auch diese Karten können Sie zur Antwort heranziehen.

Wenn Sie Ihre Göttinnen-Karte gezogen haben, können Sie die Deutung in diesem Buch nachlesen. Achten Sie, wie bereits gesagt, auf alle Reaktionen und Gefühle, die in Ihnen bei der Beschäftigung mit der Karte aufsteigen. So erhält Ihre Orakeldeutung eine persönliche Bedeutung auf der Grundlage Ihrer Erfahrungen. Auch beim Brainstorming können sich oft Zusammenhänge erschließen, auf die Sie zunächst nicht gekommen wären. So könnte Sie zum Beispiel der

Schleier über Fortunas Augen an ein Versteckspiel in Ihrer Kindheit erinnern, oder die Haltung einer anderen Göttin könnte der einer Freundin ähneln, an die Sie sich wenden sollten.

Die Weisheit der Göttinnen kann aber auch für Legesysteme wie etwa im Tarot verwendet werden. In vielen Situationen hat sich das Legesystem Vergangenheit – Gegenwart – Zukunft als nützlich erwiesen. Ziehen Sie zunächst vier Karten und legen Sie sie dann folgendermaßen aus:

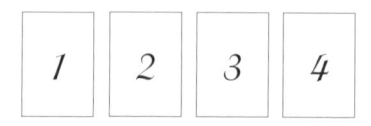

| 1 | 2 | 3 | 4 |

Die erste Karte steht für die Vergangenheit, die zweite für die Gegenwart und die dritte gibt Hinweise darauf, wie die Zukunft aussehen könnte. Die vierte Karte fasst die fragliche Situation zusammen. Viele weitere Beispiele für Legesysteme finden Sie in Büchern über das Tarot oder im Internet.

Viele Menschen verwenden Orakel-Decks mit Begeisterung als Ratgeber bei Entscheidungen. Noch mehr aber wollen damit die Zukunft vorhersagen. Meiner persönlichen Überzeugung nach ist die Zukunft immer fließend. So kann ein Orakel zwar zeigen, was in der Zukunft geschehen könnte, aber unser Handeln in der Gegenwart beeinflusst diese Zukunft ständig. Wenn Sie also vom Orakel *Die Weisheit der Göttinnen* eine entmutigende Antwort erhalten, dann suchen Sie nach Möglichkeiten, Veränderungen herbeizuführen. Entscheiden Sie sich dafür, jetzt, in der Gegenwart, aktiv zu werden.

Mit anderen Worten, übernehmen Sie die Verantwortung für Ihre Zukunft, indem Sie jetzt Verantwortungsbewusstsein zeigen. Betrachten Sie Ihre wahrsagenden Deutungen als Spiegelung der momentanen Situation, wenn alles so weitergeht, wie es jetzt ist. Eine solche Deutung schlägt vor, was wir tun sollen, nicht, was tatsächlich geschehen wird.

Zwar will *Die Weisheit der Göttinnen* Ihnen in erster Linie selbst als Rückhalt dienen, aber Sie können die Karten auch dazu verwenden, andere zu inspirieren. Die Karten für andere zu deuten, erfordert ein hohes Verantwortungsbewusstsein und sollte immer nur mit einer Haltung höchster Achtung vor dem oder der Fragenden vollzogen werden. Denken Sie daran, dass man Ihren Worten Autorität beimisst.

Kreatives Arbeiten
Die Weisheit der Göttinnen ist insbesondere zur Verwendung im Zusammenhang mit kreativem Arbeiten geschaffen worden. Ob die Göttinnen nun die Welt oder Frieden erschaffen, immer schenken sie uns Beispiele inspirierender Kreativität, die wir uns zum Vorbild nehmen können.

Wenn Sie bei der Arbeit an einem kreativen Projekt nicht weiterkommen, können Sie das Orakel fragen: „Wie soll ich jetzt weitermachen?" Ziehen Sie dann eine Karte. Betrachten Sie die Botschaft dieser Göttin als Aufforderung zum Handeln. Selbst wenn Sie sich später wieder anders entscheiden, so hat Ihnen die Botschaft doch zumindest einen Anstoß gegeben!

Affirmationen
Affirmationen sind eine direkte Anwendungsform des Göttlich-Weiblichen. Durch sie können wir negative Gedankenmuster verändern und werden so frei für eine neue Lebensplanung. Affirmationen machen uns zugleich von anderen unabhängig. Da wir uns selber ein positives Feedback geben, sind wir weniger abhängig vom Lob anderer.

Wenn Sie aus einer beliebigen Karte des Decks *Die Weisheit der Göttinnen* eine Affirmation machen wollen, dann setzen Sie die Botschaft darauf einfach in die erste Person Singular. Da Worte ein kraftvolles Instrument unserer Intention sind, bringt dies unser Unbewusstes dazu, die Aussage als Tatsache zu akzeptieren.

Zum Beispiel lautet Athenes Botschaft auf ihrer Karte: *Sei unabhängig. Lausche auf Deine innere Weisheit!* Um daraus eine Affirmation zu machen, ändern Sie die Botschaft folgendermaßen: *Ich bin unabhängig. Ich lausche auf meine innere Weisheit.*

Sprechen Sie sich Ihre Affirmation möglichst immer dann vor, wenn Sie Kraft brauchen oder spüren, dass Sie nicht wirklich bei sich sind. Stattdessen können Sie auch jeden Morgen nach dem Aufstehen und jeden Abend vor dem Zubettgehen Ihre Affirmation aufschreiben. Zu beiden Zeiten ist unser Bewusstsein empfänglicher für Suggestionen.

Teil zwei

Die Göttinnen-Karten

Abeona

Schutzgöttin der Reisenden

Ausdehnung
Schutz
Abschied

Abeona wurde ursprünglich im Alten Rom als Göttin der Reise verehrt. Sie behütete Kinder, die ihr Elternhaus verließen und sich aufmachten in die große weite Welt. Sie wachte über ihre ersten Schritte in die Selbstständigkeit und half ihnen, einen Fuß vor den anderen zu setzen. So kann ein Kind nach und nach seine Welt erkunden und erweitern: Ein Flur führt in einen Raum, ein Raum zu einem Tor, ein Tor zur Außenwelt.

In den Augen des Universums sind wir alle Kinder. Immer, wenn wir etwas Neues beginnen, ist es, als lernten wir zum ersten Mal Laufen. Vielleicht stolpern wir am Anfang noch. Aber wenn wir beharrlich unser Ziel verfolgen, tun sich uns neue Ausblicke auf, die weit über unsere ursprünglichen Erwartungen hinausgehen.

*Jenseits Deines Zuhauses liegt
eine wundervolle Welt. Entdecke sie!*

Aditi

Göttin des Weltenraumes

Schöpfung
Universum
Pflege

In Indien verehrt man Aditi als die Schöpferin des Lebens. Denn Aditi gebar alle Götter und Göttinnen. Diese wiederum brachten alles zu Bewusstsein und schufen so das, was wir als Realität betrachten.

Diese freundliche Göttin wird als Mutter des Weltenraumes bezeichnet, denn sie gebar die Planeten und die Sterne. Gelegentlich wird sie mit der Unendlichkeit des Himmels verbunden. Das passt gut zu ihr, denn ihr Name bedeutet „grenzenlos". Ihre Kinder, die Adityas, stehen in Verbindung zu den zwölf Monaten des Jahres, außerdem symbolisieren sie die zwölf Zeichen des Tierkreises, die, so glauben manche, das Schicksal bestimmen.

*Deine Gedanken erschaffen Deine Wirklichkeit.
Achte auf das, was Du Dir erwählst!*

Aine

Die Elfen-Königin

Liebe
Licht
Magie

Aine, die irische Göttin der Liebe und des Lichtes, wurde zur Sommer-Sonnenwende verehrt. Sie gilt als sowohl der Sonne wie auch dem Mond verbunden und war, wie ihre zahlreichen Schreine beweisen, in der gesamten keltischen Welt sehr beliebt. Man nimmt an, dass unter dem Einfluss des Christentums die Verehrung der Aine im Mittelalter zurückgedrängt wurde. Aber auch dann sollte ihre Kraft nicht unbeachtet bleiben. So wurde sie zu einer *Leannan Sidhe*, einer Königin der Elfen, mit deren Kräften man auch Unfug treiben konnte.

Es gibt zahllose Geschichten über Aine, die Elfen-Königin. Eine warnt vor Liebes-Tändeleien mit ihr, denn sie führten unweigerlich zum Tod in der Ekstase – wahrscheinlich eine Legende, die christliche Mönche verbreitet haben, um die Monogamie zu fördern. In einer anderen Geschichte wird sie wegen ihrer Begegnungen mit sterblichen Männern als Mutter der Elfen verehrt. In dieser Rolle weist sie darauf hin, dass die Macht der Liebe die Welt mit dem Zauber des Lebens erfüllt.

Der Zauber des Lebens umgibt Dich.
Finde einen Weg, ihn in Deinem Leben zu erwecken!

Ajysit
Göttin der Geburt

Schicksal
Seelen
Gebären

Die Göttin Ajysit wurde von den Jakuten in Sibirien verehrt. Man glaubte, dass sie während der Geburt eines Kindes erscheint. Diese Gottheit fungiert dann zugleich als Hebamme und spirituelle Mutter. Während der Geburt setzt Ajysit ihre Kräfte dazu ein, den Wehenschmerz der Mutter zu lindern. Nach der Geburt übernimmt die Göttin die Verantwortung für die Seele des neuen Kindes. Man glaubt gelegentlich auch, dass Ajysit ein Schicksalsbuch besäße, fast wie ein Register, das für jede Seele bei ihrer Geburt erstellt wurde.

Die Geschichte von Ajysit erinnert uns in wunderbarer Weise daran, dass jeder Mensch eine einzigartige Seele besitzt. Was in ihr vorgezeichnet ist, beschreibt die einmaligen Gaben, die wir der Welt zu bieten haben. Manchmal brauchen wir Hilfe, damit wir die Talente gebären können, die tief in uns schlummern. Dabei kann eine Hebamme wie Ajysit unseren Wehenschmerz lindern.

Vertraue darauf, dass Hilfe stets dann kommt, wenn Du sie am dringendsten benötigst.

Amaterasu
Göttin des Himmelslichtes

Weite
Licht
Spiegelung

Die gütige Sonnengöttin Amaterasu ist die höchste Gottheit im Shintoismus, einer Religion, die hauptsächlich in Japan praktiziert wird. Bei ihrer Geburt waren ihre Eltern ehrfürchtig erstaunt, wie hell Amaterasu im Licht erstrahlte. Sie baten ihre Tochter, die Himmelsleiter zu ersteigen und die Welt zu erleuchten.

Ein berühmter Mythos dreht sich um Amaterasus Wut auf ihren Bruder, den Sturmgott Susanoo. Er war bei seinem zerstörerischen Werk so laut vorgegangen, dass sie beschloss, sich von der Welt zurückzuziehen. Die Göttin versteckte sich in einer Höhle und ließ damit die Erde in Dunkelheit versinken. Aber das Gleichgewicht wurde wiederhergestellt, als man Amaterasu mit Gelächter aus ihrer Höhle herauslockte und ihr einen Spiegel vorhielt. Von ihrem Bild darin war sie ganz bezaubert. Bis zum heutigen Tage enthalten der Amaterasu geweihte Schreine einen Spiegel als Symbol ihres strahlenden Lichtes.

Deine Lebensbestimmung ist es – zu leuchten.
Gehe hinaus in die Welt und sei ein Licht!

Annapurna
Göttin der Ernte

Nähren
Großzügigkeit
Ernte

Viele Hindus glauben, dass Annapurna Nahrung schafft, um den Hunger auf der Welt zu stillen. Die großzügige Göttin wird oft bei Erntefesten verehrt und in wunderschönen Statuen und Bildern dargestellt, wie sie, auf einem prächtigen Thron sitzend, einem kleinen Kind Nahrung gibt. Als Avatar oder Inkarnation der Muttergöttin Durga steht Annapurna für die reiche Fülle, die die Welt uns schenken will.

Wenn uns ein köstliches Mahl geboten wird, dann trauen wir zuweilen der Fülle nicht so recht, die da vor uns ausgebreitet liegt. Dieses Mahl kann in Gestalt von wirklichen Speisen oder aber von etwas kommen, das unseren Geist nährt. Statt es aus vollem Herzen zu genießen, verordnen wir uns die Diät der Selbstgerechtigkeit. Das Universum ist eine ewig überreiche Fülle – nimm an, was Dir geboten wird.

Es ist Zeit für die Ernte. Erfreue Dich daran!

Anukhet

Göttin der Fülle

Wasser
Wohlstand
Fruchtbarkeit

Im alten Ägypten galt die Göttin Anukhet als die gütige Lebensspenderin. Sie wurde hauptsächlich mit den nährenden Wassern des Nils verbunden. Für manche war sie die Inkarnation des Nils, wobei seine beiden Zuläufe ihre Arme symbolisierten. Entsprechend bedeutet der Name Anukhet *die Umarmende*. Außerdem klingt darin an, wie die Wasser des Nils seine fruchtbaren Ufer umarmen.

Anukhet wurde zur Zeit der jährlichen Überschwemmung des Nilgebiets mit einem ekstatischen Dankesfest geehrt. Dabei warfen ihre Anhänger Opfergaben aus Gold und andere Kostbarkeiten in den Fluss, und die Strömung trug sie fort. Man kann sich gut vorstellen, wie glücklich die Bevölkerung weiter flussabwärts gewesen sein muss, wenn diese Reichtümer an ihre Ufer gespült wurden.

Dein Dasein wird gesegnet sein
von der Fülle des Lebens.

Astarte

Göttin des Himmels

Ewigkeit
Sterne
Sexualität

Diese assyrische Göttin ist eine der ältesten, die die Menschheit verehrt. Ihre Schreine datieren bis in die Neusteinzeit zurück. Astarte galt als Himmelskönigin, die über die Sterne herrscht. Die Sterne wiederum waren, so glaubte man, die hell strahlenden Geister der Verstorbenen. Diese Verbindung zum Tod lässt auf eine weitere Rolle Astartes als Kriegsgöttin schließen.

Meist gilt Astarte jedoch als frühe Inkarnation der Aphrodite, der griechischen Fruchtbarkeitsgöttin, deren römische Entsprechung Venus ist. In dieser Funktion wird Astarte mit Sexualität und Liebe verbunden. Astarte wird unter anderem durch einen Kreis symbolisiert, der einen Stern umschließt. Mit diesem Stern ist der Planet Venus gemeint.

Lerne aus der Vergangenheit, aber schreit voran mit Liebe.

Athene

Göttin der Weisheit

Intelligenz
Vernunft
Unabhängigkeit

Der Name Athene bedeutet Weisheit. Die Tochter des griechischen Gottes Zeus und seiner ersten Frau Metis wurde unter ungewöhnlichen Umständen geboren. Sie entstieg dem Haupt ihres Vaters, vollständig bekleidet und bewaffnet, als Zeus seinen Kopf mit einer Axt zerteilte, um seine starken Kopfschmerzen loszuwerden.

Athene widmete sich ganz der Weisheit und der Kunst, um damit den Liebesintrigen der Götter und Göttinnen zu entgehen. Die wichtigsten körperlichen Kennzeichen der Göttin sind ihre strahlenden grauen Augen, die für die Klarheit ihrer Ziele stehen. Zwar bringen viele Athene auch mit Krieg in Verbindung, aber sie schlug ihre Feinde häufig lieber mit dem Verstand als mit Gewalt. Außerdem ist sie bekannt für ihr handwerkliches Geschick.

Genau wie Athene in Zeus' Haupt heranwuchs, so haben auch wir Weisheit im Kopf. Ihre Geschichte macht uns Mut zu selbstständigem Denken.

Sei unabhängig. Lausche auf Deine innere Weisheit!

Baba Yaga
Göttin der Verwandlung

Lebenszyklus
Stärke
Alter

Gewöhnlich kennt man Baba Yaga als böse, kinderfressende Hexe mit einem Haus, das auf Hühnerkrallen steht. So wird sie zumindest im russischen Märchen dargestellt. Ursprünglich symbolisierte diese Göttin den Lebenszyklus von der Geburt bis zum Tod. Im ungarischen Volksmärchen tritt sie als gute Fee auf.

Baba bedeutet „alte Frau", die Hühnerkrallen zeigen das faltige Aussehen gealterter Hände. Das Bild erinnert an die Angst, die manche Menschen verspüren, wenn sie eine sehr alte Frau sehen. Es verwundert keineswegs, dass die Hexe in vielen Märchen ein altes Weib ist. Wenn wir aber so weise sind, dass wir über die äußere Erscheinung hinwegsehen, dann entdecken wir die Schönheit im Inneren.

*Fürchte Dich niemals vor den Veränderungen,
die das Leben Dir schenkt, wie dramatisch
sie sich auch gestalten mögen.*

Bastet

Göttin der Katzen

Glück
Fruchtbarkeit
Liebe

Im alten Ägypten wurde die Katze als das heilige Tier der Bastet verehrt, der ägyptischen Göttin der Liebe, Schwangerschaft und Geburt. Bastet wird gewöhnlich mit einem Katzenkopf dargestellt. In der Hand trägt sie ein Ankh, das Symbol der Fruchtbarkeit und des ewigen Lebens. Aus Aufzeichnungen aus jener Zeit wissen wir, dass in Bastets Tempeln Hunderte von Katzen lebten und ihre Anhänger sie versorgten.

Weil Katzen unglaublich fruchtbar und liebevoll sowie hingebungsvolle Mütter sind, schrieb man Bastet viele der glücklichen Eigenschaften ihrer tierischen Anhänger zu. Dank ihrer Verspieltheit finden sie das Glück oft auf unerwartete Weise: Eine Staubwolke wird zum Spielzeug und eine Feder verwandelt sich in eine Maus, um die man sich balgen kann. Sie zeigen uns, wie wir auf unerwartete Weise die Freude entdecken können.

Lebe Dein Leben so leichtfüßig wie eine Katze.

Benzai-ten

Göttin der Begabungen

Wohlstand
Glück
Kunst

Glück erwächst aus Weisheit, aber auch aus Schönheit, Musik und Kunst. Die japanische Göttin Benzai-ten ist Herrin über all diese inspirierenden Gaben. Sie soll Glück und Wohlstand bringen – und so bedeutet *zai*, die mittlere Silbe ihres Namens, im Japanischen „Begabung" oder „Wohlstand". Manchmal wird die Göttin mit acht Armen und offenen Händen dargestellt, was ihre vielen Begabungen und ihre allumfassende Großzügigkeit symbolisiert.

Benzai-tens Reich liegt unter den schönen Wassern des Biwa-Sees, wo sie einem Drachenkönig vermählt sein soll. Mit ihrer Liebe konnte die Göttin ihn bezähmen. Wasser ist ein universelles Symbol für Wohlstand, gewöhnlich in seiner finanziellen Form. Wer seine Talente der Welt zeigen und dafür persönlichen Wohlstand erlangen kann, der ist wahrhaft glücklich.

Deine Begabungen bringen Dir Wohlstand. Halte Ausschau nach Gelegenheiten, sie einzusetzen!

Berchta

Göttin des Schicksals

Schicksal
Heim
Winter

Die germanische Göttin Berchta ist verbunden mit der Kunst, Flachs in Leinen zu verwandeln. Dies symbolisierte ihre Fähigkeit, den Schicksalsfaden zu spinnen. Sie herrschte auch über andere häusliche Dinge, die traditionell den Frauen zugesprochen werden. Im Mittelalter galt sie bei Christen, denen die alten Bräuche unheimlich waren, als Hexe.

Vielleicht weil der Lauf des Spinnrades den Lauf der Jahreszeiten symbolisiert, glaubte man, dass Berchta einen Mantel aus Schnee um ihre Schultern trage. Es heißt, ihren Anhängern sei sie als junge Frau erschienen, anderen hingegen als Alte mit schlohweißem Haar. Das lässt schließen, dass Berchta die Fähigkeit besitzt, sowohl die Vergangenheit als auch die Zukunft in sich zu verkörpern.

Die Samen der Zukunft liegen bereits in Dir.
Bleibe gelassen, während sie sich entfalten!

Brigitta
Göttin des Lebensfeuers

Poesie
Kunst
Feuer

Das Feuer der Inspiration ist eine Gabe, nach der sich viele sehnen. Die Keltischen Völker der alten Zeit flehten die Göttin Brigitta um diesen göttlichen Funken an. In Schottland stellte man sich Brigitta in Gestalt eines schönen weißen Schwanes vor, ebenso flüchtig wie die Inspiration. Sie trug den Beinamen Feuriger Pfeil, weil sie mit der Kunst des Eisenschmelzens verbunden war. Dabei werden mit dem alchemistischen Hilfsmittel Feuer Rohmetalle zu wertvollen Gegenständen transformiert.

Brigittas Feiertag, das Jahresfest Imbolc, wird am 1. Februar begangen. Um ihre Weisheit zu erhalten, hingen einst viele Menschen am Vorabend von Imbolc ein weißes Tuch nach draußen. Am nächsten Morgen wurde das Tuch wieder hereingeholt, und man glaubte, es habe nun die Energie der Göttin aufgenommen. Das geheiligte Tuch wurde an einem besonderen Ort aufbewahrt und immer dann hervorgeholt, wenn die Inspiration von Brigitta, der Göttin der Kreativität, vonnöten war.

Sei bereit, um im Feuer der Inspiration zu brennen.

Changing Woman
Göttin des Getreides

Verwandlung
Die Erde
Nahrung

Changing Woman oder Estsanatlehi gehört zu den mächtigsten Gottheiten des Heiligen Volks der Navajo. Die gütige Fruchtbarkeitsgöttin wird am häufigsten mit Mais verbunden, dem Hauptnahrungsmittel so vieler Völker. Changing Woman symbolisiert die sich ständig wandelnde und immer fruchtbare Erde. Wie ihr Name (Die sich verändernde Frau) bereits andeutet, erscheint sie im Frühling und Sommer als junge Frau und verwandelt sich im Herbst und Winter in eine Alte.

Die Lehren von Changing Woman sind im *Blessingway*, einer Sammlung wichtiger Rituale und Gesänge, enthalten. Die Gesänge und Zeremonien des *Blessingway* werden das ganze Jahr über für Hochzeiten, Geburten, Volljährigkeit und andere Ereignisse im Leben der Navajo verwendet.

Alle Jahreszeiten schenken ihren Segen.
Nimm ihn dankbar an!

Chang O
Göttin des Mondes

Frauen
Fruchtbarkeit
Zyklen

Überall auf der Welt ranken sich zahlreiche Vorstellungen um den Mond. Wegen seiner durchlöcherten Oberfläche glauben ein paar Witzbolde, er bestehe aus Käse. Andere erkennen im Mond ein menschliches Gesicht, den „Mann im Mond". In China verbindet man den Mond mit einem weißen Himmelshasen, der dort mit der Göttin Chang O in einem Palast aus duftendem Zimtbaumholz residiert.

Wenn der Vollmond im September am hellsten strahlt, feiern die Chinesen zu Ehren von Chang O ein Mondfest. Dieses Fest, zu dem die ganze Familie zusammenkommt, ist zugleich den Frauen gewidmet. Gemeinsam bewundern die Menschen das strahlende Leuchten des Mondes und backen den Mondkuchen, eine besondere runde Köstlichkeit, die mit feiner roter Bohnenpaste gefüllt wird. Man isst sie zum Gedenken an Chang O, die Königin des Mondes.

Lebe Deine Weiblichkeit mit Stolz!

Cimidye
Göttin der Vergeltung

Leiden
Transzendenz
Transformation

Die Geschichte von Cimidye, einer Göttin der Tikuna-Indianer am Amazonas, ist ein Beispiel für Vergeltung und Transzendenz. Cimidye wurde von ihrem grausamen Ehemann tief im Wald ausgesetzt. Dort begegnete ihr ein Geistführer in Gestalt eines großen blauen Schmetterlings. Der Schmetterling verspürte Mitleid mit ihr und verwandelte sie durch Zauberkraft in eine Libelle. Nach einiger Zeit konnte sie an ihrem Ehemann Vergeltung üben und sich so von ihrem Ehegelübde befreien.

Libellen sind mächtige Symbole von Illusion und Vergänglichkeit. In der Mythologie der Zuni, Pueblo-Indianer aus dem Südwesten Amerikas, sind sie schamanische Wesen, die als Vermittler zwischen der geistigen und der physischen Welt dienen.

*Deine Schwierigkeiten lassen Dich reifen.
Sei mutig, denn Du wirst Dich verteidigen müssen!*

Danu

Göttin der Erkenntnis

Weisheit
Wohlstand
Führungsaufgaben

Im alten Irland verehrte man Danu als die größte und weiseste aller keltischen Göttinnen. Sie gilt als die Mutter der Götterfamilie der Tuatha Dé Danann, des „Volks der Göttin Danu".

Die gütige Danu soll ihren Anhängern Wohlstand und Wissen schenken. Sie ist mit den Flüssen verbunden, deren fließende Wasser auf die Fülle hinweisen, die diese Göttin bringt. Es wird sogar angenommen, dass die Donau, die weite Teile Europas durchzieht, ihren Namen trägt (Danu = keltisch für Fluss, ouwe = germanisch für Aue), ein Hinweis auf das riesige Reich der Danu, der Göttin der Erkenntnis.

Nutze Deine Erkenntnisse, um zu wachsen.
Du hast alle Voraussetzungen dafür.

Demeter

Die Muttergöttin

Die Jahreszeiten
Mutterschaft
Verlust

Die griechische Erntegöttin Demeter gilt als Mutterarchetyp der dreifachen Göttin. Ihre Geschichte spendete durch alle Zeiten hindurch Müttern Trost und dient zugleich als Erklärung für die Jahreszeiten.

Als Demeters Tochter Kore (Persephone) von Hades, dem Gott der Unterwelt, entführt wurde, damit er sie zu seiner Braut machen konnte, suchte Demeter die ganze Erde nach ihrem Kind ab. Bald erfuhr sie, dass Zeus dem Hades erlaubt hatte, Kore zu heiraten. Bei dieser Nachricht wurde die Göttin von Trauer und Wut überwältigt. Weil die Erde ihren Kummer widerspiegeln sollte, hieß Demeter alle Pflanzen in Wachstum und Reife innehalten und ließ es so zum ersten Mal Winter werden. Das größte Fest der Demeter waren die sogenannten Thesmophoria, bei denen Frauen des Schmerzes der Göttin und seiner Überwindung gedachten. So konnten sie ihre Trauer ehren und das Göttliche darin erkennen.

Ehre auch die Göttlichkeit Deines Schmerzes; dann wird die Lebenskraft des Frühlings zu Dir zurückkehren.

Diana
Göttin der Jagd

Frauen
Mond
Stärke

Diana, die römische Göttin der Jagd und des Mondes, zeigt die körperliche Stärke und Unabhängigkeit der Frauen in aller Welt. Man pries ihre Kraft und athletische Eleganz. In der Jagdkunst war sie unübertroffen. Unabhängig und wild, wie sie war, wollte Diana ihr Leben mit keinem Mann teilen. Stattdessen lebte sie unbelastet in den Wäldern, und ihre einzigen Begleiter waren eine loyale Gruppe von Nymphen und ungezähmten Tieren.

Diana war mit dem Mond verbunden, der über die Nacht herrscht, mit wilden Tieren und dem Körper der Frau. Meist wird sie mit einem mondförmigen Diadem auf der Stirn dargestellt. Bei vielen Ritualen der Göttin kamen Frauen und Mädchen im Licht des Vollmondes zum wilden Tanz zusammen, Ausdruck ihrer Stärke und athletischen Fähigkeiten.

Gehe auf die Jagd nach dem, was Dir Stärke schenkt!

Erda

Göttin der Erde

Weisheit
Schicksal
Weissagung

Die nordische Göttin Erda lebte in einer Höhle im tiefsten Inneren der Erde, dicht bei den Wurzeln der Weltenesche Yggdrasil. Sie bewässerte die Esche mit dem Wasser aus ihrem reich sprudelnden Brunnen der Weisheit. Erdas Macht reichte so weit wie Yggdrasils riesiges Blätterdach. Und so rief man die Göttin und ihren Brunnen oft an, wenn weitreichende Weisheit benötigt wurde. Andere glaubten, Erda könne die unerbittliche Macht des Schicksals beugen, über das sie herrsche.

Wegen Erdas Verbindung zum Schicksal glaubten die nordischen Völker, es bestünde eine eindeutige Beziehung zwischen der Göttin und der Kunst der Weissagung. Oft wandten sie sich an die Erde um Rat und deuteten viele ihrer Aspekte als Orakel – Tiere, Vögel, den Himmel, sogar das Meer. Aus der Beobachtung der Naturerscheinungen erhofften sie sich göttliche Antworten.

Suche Deine Antwort im Erdreich!

Erzulie
Göttin des Luxus

Sinnlichkeit
Liebe
Wohlstand

Die Voodoo-Göttin ist bekannt für den Luxus, den sie in vollen Zügen genießt, seidene Kleidung, üppiger Schmuck und duftende Blüten. Wie nicht anders zu erwarten, erscheint Erzulie ihren Anhängern meist wunderschön gekleidet und mit einem herrlichen Duft.

Erzulie ist zugleich eine Göttin der Liebe. Als solche trägt sie drei Eheringe, die drei Ehemänner symbolisieren, den Himmelsgott Dumballah, den Meeresherrscher Agwe und den Kriegerhelden Ogoun. Sie ist berühmt für ihre mädchenhafte, kokette Art.

Erzulies traditionelles Symbol ist das Herz, was zugleich ihr Herrschaftsgebiet andeutet. Außerdem ist sie mit dem Mond verbunden, der wiederum für das Zuhause und die Welt der Gefühle steht.

Gönne Dir Luxus, um Dein Herz zu erweichen!

Fortuna
Göttin des Glückes

Überraschung
Glück
Veränderungen

Fortuna galt ursprünglich als Fruchtbarkeitsgöttin. Sie herrscht über die Gesetze des Zufalls. Fortuna wurde im ganzen römischen Reich in zahlreichen unterschiedlichen Formen verehrt, die immer den Bedürfnissen der Bittenden angepasst waren. Frisch vermählte Frauen zum Beispiel verehrten Fortuna Virginensis. Ihr opferten sie das Linnen der Hochzeitsnacht, um sie ihrer Verbindung gewogen zu machen.

Fortuna galt im Allgemeinen als gütig, später jedoch auch als unberechenbar in ihren Neigungen. In mittelalterlichen Buchmalereien wird Fortuna traditionell mit einer Augenbinde dargestellt. Damit soll ausgedrückt werden, wie willkürlich und zuweilen auch überraschend der Zufall spielt. Es gibt auch Darstellungen mit zwei Gesichtern, einem lächelnden und einem grimmigen.

Glaube an Dein Glück!

Freia
Göttin der Schönheit

Liebe
Schönheit
Kunst

Die nordische Göttin Freia herrschte über die Lebenden und die Toten. Deshalb war sie verantwortlich für die Seelen der Hälfte aller Krieger, die im Kampf fielen. Doch trotz dieser grausigen Aufgabe wurde Freia in erster Linie als Göttin der Schönheit und der Liebe verehrt – mächtiger Kräfte als Krieg und Tod – zweifellos wegen ihrer überragenden Schönheit. Manchmal fuhr sie in ihrem goldenen Wagen, der von zwei grauen Katzen gezogen wurde, über den Himmel. Dann wieder trug sie einen Umhang aus Falkenfedern, mit dem sie wie ein Vogel durch die Lüfte gleiten konnte.

Gemessen an den praktischen Erfordernissen des Lebens erachtet die Gesellschaft Schönheit oft als unnötig. Aber sie ist eine nährende Kraft, die alle Menschen brauchen. Wie leer wäre das Leben ohne die Schönheit! Die Schönheit schenkt uns authentische Erfahrungen des Göttlichen, die uns im Tiefsten berühren können. Die Geschichte der Göttin Freia ruft uns ihre heilende Kraft ins Gedächtnis.

Erkenne die Macht der Schönheit!

Fricka

Göttin der Herrschaft

Schicksal
Ehe
Mutterschaft

Fricka, auch Frigga, die herrschende Göttin, war mit Odin verheiratet, dem Göttervater des nordischen Pantheons. Zu Frickas großem Herrschaftsgebiet gehörten Liebe, Ehe, Mutterschaft und das Schicksal. Sie ist bekannt als begnadete Spinnerin goldener Fäden, die, so glauben manche, das Sonnenlicht symbolisieren. Außerdem wird damit Frickas Fähigkeit ausgedrückt, die Zukunft zu spinnen. In alter Zeit war die Kunst des Spinnens und des Webens Sinnbild der Entstehung des Schicksals.

Die Edda, eine isländische Mythensammlung aus dem 13. Jahrhundert, ehrt Fricka als „erste unter den Göttinnen".

Du kannst die Edelste unter den Frauen sein.
Setze Deine ganze Kraft ein,
um Deine Ziele zu erreichen!

Gaia
Mutter Erde

Schöpfung
Die Erde
Verbundenheit

Im alten Griechenland wurde die Erde als geheimnisvolle Gottheit namens Gaia personifiziert. Gaia war als ein kosmischer Mutterleib aus der Ur-Leere, dem Chaos, hervorgegangen. Sie existierte schon vor allem anderen Leben und brachte es aus sich hervor. Sie galt als die Schöpferin des Lebens. Obwohl Gaia selber so mächtig war, wollte sie doch nicht alleine leben. Aus ihrem Leib heraus bildete die Göttin das Meer und gab ihm den Namen Pontus, sowie den Himmel und gab ihm den Namen Uranus. Uranus nahm sie sich zum Mann. Der Himmel senkte sich auf die Erde und schuf zahlreiche Kinder im großen Mutterleib der Göttin.

Der Mythos der Gaia erinnert uns daran, dass auf der Welt alles miteinander verbunden ist und daran, wie wichtig es ist, in Harmonie mit ihren Ressourcen und unseren Mitmenschen zu leben.

Du kannst Dein Leben selbst gestalten.
Stelle Dir genau vor, was Du Dir wünschst!

Glispa
Göttin der Heilung

Gesundheit
Musik
Schamanismus

Die Navajo im Südwesten der Vereinigten Staaten verehren diese geheimnisvolle Göttin, die ihnen den Gesang der Schönheit geschenkt hat. Glispa lehrte sie Musik und Heilen und verlieh ihnen die Kraft der Schamanen.

Musik dient unserem Vergnügen, aber sie hat auch heilende Kraft. Ihre kraftvollen Schwingungen und Rhythmen bringen unseren Geist wieder in Einklang mit dem Leben. Besonders das Trommeln kann einen Zugang zur geistigen Welt öffnen. Schamanen in der ganzen Welt nutzen es. In Sibirien klemmt der Schamane sich die Trommel zwischen die Beine und schlägt sie, als sei sie ein Ross, das ihn in das Reich der Geister trägt. Die Kulturen der amerikanischen Ureinwohner nennen Trommeln und Gesang als ein Mittel, einen höheren Bewusstseinszustand zu erreichen. Auch das Singen einzelner Töne in den Gesängen kann einen heilenden Zustand schaffen.

Die heilende Kraft wohnt in Dir. Nutze die Harmonie der Musik, um Zugang zu ihr zu erlangen.

Gwenhywfar

Die Gottkönigin von Wales

Führungsaufgaben
Weisheit
Wasser

In Wales nennt man Wellen mit Schaumkronen „die Schafe der Meerjungfrau". Diese Meerjungfrau ist die Göttin Gwenhywfar, die als Königin der walisischen Inseln und des sie umgebenden Meeres verehrt wurde. Manchen gilt Gwenhywfar als Tochter des ersten walisischen Barden, des Riesen Ogyrvan. Sie ist die Cunneware in Wolfram von Eschenbachs Parzival, und ihr Name bedeutet „weibliche Weisheit". Heute aber erkennen die meisten Menschen in Gwenhywfar die Königin Guinevra, die unglückliche Gefährtin von König Artus.

Da Gwenhywfar den Thron von Wales symbolisierte, konnte kein König ohne sie an seiner Seite regieren. So verwundert es nicht, dass viele Möchtegern-Könige versuchten, sie zu entführen. Sie erkannten nicht, dass allein Gwenhywfars Macht sie zum Herrscher machte, nicht erzwungene Liebesspiele. Viele dieser Mythen wurden Bestandteil der Legende um König Artus.

Du bist eine weise Herrscherin in Deinem Reich.

Haltia

Göttin des Hauses

Struktur
Glück
Häusliche Angelegenheiten

Für die Baltischen Finnen war Haltia die Herrscherin über Haus und Heim. Die gütige Göttin war integraler Bestandteil des Gebäudes und bescherte seinen Bewohnern Glück. Außerdem wachte sie über die Bewohner des Hauses, dem sie ihren Segen spendete.

Später wurde Haltias Macht aufgeteilt, möglicherweise unter dem Einfluss des Christentums. Fortan bezeichnete der Name Haltia eine Gruppe männlicher und weiblicher Elfen, die sich um die häuslichen Angelegenheiten kümmerten und nicht mehr eine einzelne, majestätische Göttin.

*Fördere die Harmonie in Deinem Heim,
dann wird das Glück Einkehr halten.*

Hathor
Die goldene Himmelsgöttin

Wohlstand
Liebe
Fruchtbarkeit

Hathor war die goldene Himmelsgöttin des alten Ägypten. So mächtig war die Gottheit, dass sie bei allem helfen konnte, von Liebeskummer bis fehlendem Wohlstand. Die Göttin der Fruchtbarkeit und der Fülle galt als die Mutter des Pantheons der ägyptischen Göttinnen und Götter. Viele identifizieren diese Göttin mit der Milchstraße, jenes wunderschöne Sternenband, das man in mondlosen Nächten besonders deutlich sieht. Entsprechend galt Hathor auch als Himmelsherrscherin. Auf dem Höhepunkt ihrer Beliebtheit dienten einundsechzig Priesterinnen in ihrem Tempel.

Seit frühester Zeit bat man Hathor um Hilfe, wenn es um die Fülle im eigenen Leben ging, zum Beispiel also in Liebesdingen. Es gab auch Rituale, mit denen die Göttin um Fülle für die ganze Gemeinschaft angerufen wurde, etwa eine reiche Ernte, damit alle genug zu essen haben.

Wohlstand wartet auf Dich. Halte Ausschau danach, wo er Dir begegnen will!

Haumea

Die Leben schenkende Göttin

Geburt
Fruchtbarkeit
Pflanzenwelt

Die polynesische Göttin Haumea lehrte die Frauen, Kinder zu gebären, indem sie sie zwischen ihren Beinen hervorpressen. Davor, so erzählt der Volksmund, seien die Kinder aus dem Leib der Frauen herausgeschnitten worden, mit einem Messer herausgetrennt wie der Kern aus einer reifen Frucht. Dank Haumea blieb den Frauen nun dieser gefährliche Eingriff erspart.

In einem anderen Mythos heißt es, die Göttin Pele sei aus Haumeas Achselhöhle geboren worden. Das weist auf die überwältigende Fruchtbarkeit der Göttin hin, die Leben aus ihrem gesamten Körper schuf, nicht nur aus ihrem Leib. Haumea soll außerdem viele Fabelwesen geboren haben, die die Erde bevölkerten. Da sie zugleich eine Vegetationsgöttin ist, wird sie als Mutter von Hawaii verehrt. Es erscheint nur folgerichtig, dass eine Göttin, die so eng mit Fruchtbarkeit verbunden ist, in engen Bezug zu diesem üppig grünenden Inselparadies gesetzt wird.

Du wirst etwas sehr Mächtiges ins Leben rufen.

Hekate
Göttin der Dunkelheit

Menopause
Weisheit
Das Übernatürliche

Im alten Griechenland wurde Hekate als Göttin der Dunkelheit verehrt, eine geheimnisvolle Göttin, die das Wissen aus dem Reich jenseits des Lebens schenkte. Als der Aspekt der weisen Alten der dreifachen Göttin wurde Hekate mit dem abnehmenden oder Dunkelmond verbunden, jener Zeit, in der der Mond sein Licht zurückhält, bevor er den nächtlichen Himmel aufs Neue erhellt.

Zu jener Zeit glaubte man, dass Frauen jenseits der Wechseljahre ihre Leben spendenden Kräfte in ihrem Inneren zurückhielten wie der Dunkelmond. Man glaubte, das zurückgehaltene Menstruationsblut verleihe ihnen besondere Kräfte. Wie Hekate, trugen diese Alten die Krone der Weisheit ihrer Jahre.

Als Göttin des Dunkelmondes war Hekate auch mit Stürmen, heulenden Hunden und Weiden verbunden. Ihr Symbol ist ein goldener Schlüssel, der unsägliche Reichtümer des Himmels und der Erde erschließt.

Schöpfe Weisheit aus den Quellen der Tiefe.

Heqet
Göttin der Fülle

Fruchtbarkeit
Frösche
Wasser

Die ägyptische Göttin Heqet galt als die gütige Verkörperung der Fruchtbarkeit. Deshalb war sie eng mit dem Nil verbunden, dessen Wasser das Getreide gedeihen ließen, das man entlang der fruchtbaren Flussufer anpflanzte. Heqet wird gewöhnlich froschköpfig dargestellt, denn nach der jährlichen Überschwemmung waren die Ufer des Nils über und über mit diesen Tieren bevölkert. Sie wurde auch als Göttin der Geburt verehrt, und wie nicht anders zu erwarten, waren ihre Priesterinnen zugleich ausgebildete Hebammen.

Fruchtbarkeit wird zwar meist mit der körperlichen Manifestation von Leben verbunden, aber sie ist mehr als nur das. Fruchtbarkeit ist überall um uns, sie schenkt uns Inspiration und Energie. Die Göttin Heqet symbolisiert die überreichen Gaben dieser allumfassenden Kraft.

*Die Fülle umgibt Dich in zahllosen Formen.
Öffne Deine Augen für sie!*

Hera

Göttin der Ehe

Beziehungen
Würde
Herrschertum

Hera wurde im alten Griechenland als die Göttin der Ehe verehrt. Als Herrscherin über diese heilige Lebensform war sie für ihren Schutz verantwortlich. Ihr Zorn darüber, wenn die Bande der Ehe nicht geachtet wurden, ist vielleicht genauso legendär wie ihre schwierige, stürmische Beziehung mit ihrem Gatten Zeus. Heras Hochzeit mit Zeus wurde in Böotien mit einem Ritual gefeiert, bei dem die Symbole des Gottes und der Göttin verwendet wurden. Ein Stück Holz wurde auf einem Ochsenkarren in einen Schuppen gebracht und angezündet. Ochsen und Bäume waren der Hera heilig. Zeus herrscht über Blitze und Feuer.

In vieler Hinsicht ist dieses Ritual von den klassischen Erwartungen an die Ehe gekennzeichnet. Die männliche Energie, symbolisiert durch das Feuer, verschlingt das passive Weibliche. Zum Glück haben sich die ehelichen Beziehungen zwischenzeitlich zu einer gleichberechtigteren Beziehung zwischen Mann und Frau verändert.

Lasse nur achtsame Beziehungen in Deinem Leben zu!

Hsi Wang Mu
Göttin der Ewigkeit

Ewiges Leben
Fruchtbarkeit
Weiblichkeit

Die Chinesen verehren Hsi Wang Mu als Göttin des ewigen Lebens. Sie lebt in einem goldenen Palast auf dem Jadeberg in dem Land Kun-lun. Rote Phönixe und weiße Kraniche, beide Symbole langen Lebens, leisten der Göttin Gesellschaft, so heißt es.

Hsi Wang Mu ist nicht nur berühmt für ihre Schönheit und Anmut, sondern vor allem für ihre Pfirsiche; denn es sind Zauberfrüchte, die allen, die davon kosten, die Unsterblichkeit schenken. Es dauert dreitausend Jahre, bis die Pfirsiche in Hsi Wang Mus verzaubertem Obstgarten Früchte tragen. Die ganze Zeit über versorgt die Göttin sie zärtlich, wie eine Mutter ihre Kinder.

Pfirsiche sind mächtige Symbole weiblicher Macht und Sexualität. Die sinnlichen Rundungen und Vertiefungen in ihrem weichen Fruchtfleisch erinnern an die Gestalt einer Frau und symbolisieren die ewige Fruchtbarkeit des Universums.

Finde das Ewige in Dir!

Huchi-Fuchi
Göttin des Herdfeuers

Feuer
Speise
Heim

Huchi-Fuchi ist die japanische Göttin des Herdes. Sie galt als Göttin der Ainu, eines indigenen Volkes von Jägern und Sammlern. Huchi-Fuchis nährendes Feuer ermöglicht die Zubereitung von Speisen und wärmt das Haus.

Manche glauben, dass der Name des Berges Fuji auf diese Göttin zurückgeht und an den vulkanischen Ursprung dieses berühmten, atemberaubend schönen Berges erinnert. Der Fuji ist seit jeher das Ziel vieler Pilger, die dort seiner heiligen Energie begegnen wollen.

*Umgib Dich mit Wärme und Geborgenheit,
indem Du ein Umfeld schaffst, das auch andere fördert.*

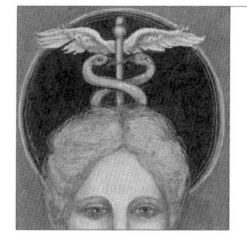

Hygieia
Göttin der Heilung

Erneuerung
Heilung
Vorsorge

Hygieia, die Göttin der Gesundheit im alten Kreta, erkannte man an ihrer Schlange. Die Schlange ist ein uraltes Symbol der Erneuerung und steht für den Zyklus von Krankheit und Heilung. Sie wird auch mit Hygieias Vater Asklepios, dem Gott der Heilung, verbunden. Hygieia befasste sich in erster Linie mit Reinlichkeit und der Vorbeugung von Krankheiten. Das Wort *Hygiene* geht auf ihren Namen zurück.

Der Mythos der Hygieia lehrt, dass man Krankheiten am besten vermeidet, indem man ihnen vorbeugt. Nur allzu häufig ignorieren wir Menschen unsere körperlichen Bedürfnisse: Fehlender Schlaf, ungesunde Ernährung, Bewegungsmangel oder Krankheiten entstehen oft aus mangelnder Fürsorge für uns selbst. Die Göttin Hygieia lehrt uns, unsere körperlichen Bedürfnisse jetzt zu achten, um künftig Krankheiten zu vermeiden.

Heilung liegt auch in der Vorsorge.
Behandele Deinen Körper mit Achtung!

Iduna
Die Hüterin der Äpfel

Unsterblichkeit
Jugend
Schönheit

Die Göttin Iduna war berühmt für ihre jugendliche Schönheit und verheiratet mit Bragi, dem attraktiven Gott der Dichtkunst. Sie hatte die Aufgabe, in ihrem Zaubergarten im Westen die goldenen Äpfel der Unsterblichkeit anzubauen. Diesen Garten nannte man Apfelland, das Avalon der Artus-Legende, das idyllische Land des unsterblichen Lebens. Als Hüterin der goldenen Äpfel war Iduna verantwortlich für das Wohlbefinden der nordischen Götterwelt.

Für die nordischen Völker waren Äpfel eine wesentliche Voraussetzung für den Fortbestand des Lebens. Sie waren Symbole der Auferstehung, und Gefäße mit diesen heiligen Früchten waren Grabbeigaben, vielleicht als Nahrung für die Sterblichen auf ihrer Reise vom einen Leben zum anderen. Die nordischen Völker glaubten auch, dass im Fruchtfleisch eines Apfels eine Seele vom einen Körper zum anderen weitergegeben werden konnte. Ein schönes Bild dafür, wie wir unsere Inspiration miteinander teilen – in Gestalt der Früchte unserer Mühen.

Lege einen Garten an und teile seine Früchte mit anderen!

Inanna

Die Mondkönigin

Die Himmel
Stärke
Auferstehung

Inanna, die große Göttin der Bronzezeit, wurde als Himmelskönigin verehrt. Man glaubte, sie sei mit den Sternen bekleidet. Ihr Name bedeutet „Mondkönigin", und die Geschichte ihres Abstiegs in die Unterwelt und ihrer Rückkehr erklärt ihre Verbindung zu diesem Himmelskörper.

Inannas Schwester Ereshkigal war die Göttin des Todes. Eines Tages stieg Inanna ins Land der Toten hinab, um ihre Schwester zu besuchen. Aber statt sie freundlich aufzunehmen, tötete Ereshkigal ihre Schwester und hängte ihren Leichnam an einen Pfahl. Während Inanna so unter der Erde gefangen war, verschwand der Mond vom Nachthimmel, und alles Wachstum hielt inne. Nach drei Tagen erhielt der Wassergott Zugang zu Inannas Leichnam. Er besprenkelte ihn mit dem Wasser des Lebens, Inanna wurde lebendig und kehrte in die obere Welt zurück. Mit ihr kehrten der Mond und alles Leben wieder.

Auch wenn Du in die Dunkelheit hinabsteigen musst, wirst Du unversehrt zurückkehren.

Isamba

Göttin der Nacht

Mond
Tod
Zyklen

Isamba, eine Göttin des Volkes der Issansu aus Tansania, galt als die Personifizierung des nächtlichen Mondes. Sie war vermählt mit dem Sonnengott. Als Isamba mit ihrem Mann darum wetteiferte, wer von ihnen weiser war, wurde sie versehentlich zur Schöpferin des Todes. Seither gilt sie als mit dem Zyklus des Lebens verbunden.

Der Mond, mit seinem vorhersehbaren Zyklus von Zu- und Abnehmen, wird seit langem mit dem Zyklus von Leben und Tod verbunden. Auch unser persönliches Leben durchläuft Zyklen von Zu- und Abnehmen, auch wenn sie sich nicht ganz so klar abzeichnen wie die des Mondes. Wenn wir erkennen, dass alles, was leer ist, auch wieder voll wird, dann können wir leichter akzeptieren, dass alles in unserem Leben genau so ist, wie es sein sollte.

Du bist dort, wo Du sein solltest.
Lerne, das anzunehmen!

Isis

Die große Muttergöttin

Heilung
Magie
Macht

Isis wurde im alten Ägypten als die große Muttergöttin des Universums verehrt. Ihr Name bedeutet „die auf dem Thron sitzt", eine Andeutung ihrer Hoheit. So groß war ihre Macht, dass nur Isis den geheimen Namen des Sonnengottes Ra kannte.

Die Liebe der Isis zu ihrem Gatten Osiris war so grenzenlos wie die Eifersucht seines Bruders Seth. Überwältigt vom Neid, tötete Seth den Osiris, zerteilte seinen Körper in vierzehn Teile und verstreute sie über die ganze Erde. Vom Schmerz gebeugt, suchte Isis überall nach ihm. Als sie alle Teile des Geliebten wiedergefunden hatte, machte sie ihn zu einem letzten Liebesakt wieder lebendig und empfing ein Kind von ihm, den falkenköpfigen Gott Horus.

Die Geschichte der Isis schenkt bis heute allen Frauen Kraft, die ihren Geliebten schmerzlich verloren haben. Sie zeigt, wie wir aus dem Verlust Hoffnung schöpfen können, so wie Isis die mystische Auferweckung des Osiris bewirkte.

Dein Herz wird Heilung finden. Habe Vertrauen!

Juno

Optima Maximus

Schutz
Mutterschaft
Ehe

Die alten Römer verehrten eine höchste Göttin mit Namen Juno. Juno herrschte mit ihrem Gatten, Jupiter, über alle Aspekte des römischen Lebens. Neben ihrer Verehrung als „Große Mutter" wurde Juno auch als „Optima Maximus" angerufen, was „die beste und größte" aller Göttinnen bedeutet.

Von Juno glaubte man, sie wache über alle Frauen, vom ersten bis zum letzten Atemzug. Aus diesem Grund bezeichneten die Römerinnen ihre Seele auch als „Juno", zu Ehren dieser Göttin. Als Schutzpatronin der Ehe wachte sie auch über den Frieden zwischen den Ehepaaren. Einer ihrer Tempel diente als Schutzort für Frauen, die von ihren Männern misshandelt worden waren. Bis auf den heutigen Tag betrachten viele Menschen den Juni, der nach ihr benannt wurde, als den idealen Monat zum Heiraten. Der Pfau wird mit Juno verbunden, da die vielen Augen auf seinen Federn als Symbol für die immer geöffneten Augen Junos gelten, mit denen sie über den Frauen wacht.

Du wirst alle Zeit behütet!

Kali Ma

Die Dunkle Mutter

Zerstörung
Aufbau
Erneuerung

Kali Ma, die machtvolle Hindu-Göttin, wird überall in Indien verehrt. Sie gilt als die Verkörperung der Zeit, die alles zerstört. Obwohl Kali Ma häufig gefürchtet wird, ist sie doch unverzichtbar im Leben. Kali Ma anzunehmen bedeutet, anzuerkennen, dass der Tod zum Leben gehört. Der Tod bedeutet eine Gelegenheit für das Wachsen von Neuem aus dem Alten. Diese Göttin wird oft angerufen zum Schutz gegen Krankheiten und alle zerstörerischen Kräfte.

Kali Ma ist von schrecklichem Aussehen. Sie hat einen schwarzen Körper und trägt eine Halskette aus Totenköpfen sowie einen Gürtel aus menschlichen Armen. Ihre furchterregende Erscheinung symbolisiert die Angst, die Menschen auf andere projizieren, wenn sie selbst nicht bereit sind, sich zu wandeln. Wird sie umarmt, schenkt Kali die Möglichkeit zu großem Wachstum.

Lasse alles Alte gehen.
Etwas Besseres wartet auf Dich!

Kishijoten
Schutzgöttin

Schutz
Schönheit
Die Künste

In Japan wird die Göttin Kishijoten verehrt als Beschützerin der Kinder. Mütter widmen ihr bestimmte Rituale, damit sie über ihren Kindern wacht und Unheil von ihnen fernhält. Sie wird auch mit den Künsten und der Schönheit in Verbindung gebracht. In Japan glaubt man auch, dass Kishijoten die begabten Geishas behütet, weil diese so viele künstlerische Elemente zum Ausdruck bringen.

Diese liebevollen Aspekte von Kishijoten stehen im auffallenden Gegensatz zu jenen ihres Bruders, Bishamon, der als Gott des Krieges gilt. Es ist allerdings verständlich, dass das Bedürfnis nach Schutz dann besonders stark ist, wenn der Mensch mit der Gewalttätigkeit kriegerischer Konflikte konfrontiert wird. Kishijoten schenkt uns die Hoffnung, dass unsere Lieben von göttlichen Kräften beschützt werden.

*Alle Deine Liebsten stehen
unter göttlichem Schutz.*

Kwan Yin
Göttin der Gnade

Mitgefühl
Heilung
Gelassenheit

Kwan Yin gilt als eine der beliebtesten Göttinnen Chinas und wird als eine Art Schutzengel für alle Menschen betrachtet. Sie gilt als die Verkörperung von *karuna*, dem Prinzip allumfassenden Mitgefühls und grenzenloser Güte. Göttin der Gnade, Mutter des Mitgefühls und der Heilung, alle diese Bezeichnungen gelten Kwan Yin. Bis zum heutigen Tag wird sie sowohl von den Taoisten als auch von den Buddhisten verehrt. Sie soll die heilen, die an Leib und Seele erkrankt sind. Besonders kümmert sie sich um Mütter und Kinder in Not, aber auch um Seefahrer in schlechtem Wetter.

Es heißt, schon das Aussprechen ihres Namens bewirke Schutz und Trost für alle Bedürftigen. Der ihr geweihte Tempel Miao Feng Shan ist ein beliebtes Pilgerziel, wobei die Pilgerer Klappern und andere Instrumente benutzen, um durch den Lärm Kwan Yins Aufmerksamkeit zu erwecken.

Werde zu einem Gefäß des Mitgefühls!

Kybele
Göttin der Tiere

Erde
Läuterung
Wiedergeburt

In Phrygien, in der heutigen Türkei gelegen, wurde Kybele als die große Muttergöttin verehrt. Sie war mit Höhlen und Bergen sowie mit den griechischen Erdgöttinnen Rhea und Gaia verbunden. Jedes Frühjahr ehrte man Kybele in wilden, ekstatischen Feiern zum Gedenken an Tod und Wiedergeburt ihres Sohnes und Gefährten, des Vegetationsgottes Attis. Diese emotional aufwühlenden Zeremonien vermittelten ihren Anhängern das Gefühl tiefer Läuterung und lassen auf die Verbindung der Göttin zum fruchtbaren Land schließen.

Da sie über die wilden Tiere herrschte, ehrte man Kybele auch mit der Bezeichnung *Herrin der Tiere*. Sie wurde traditionell in Begleitung von Löwen und Bienen dargestellt, wobei die Löwen häufig ihren Wagen zogen. Ihr Gefährte Attis war Stieren verbunden, die zu seiner Ehre geopfert wurden.

Spüre die Macht der Krafttiere in Dir!

Lakshmi

Göttin der Fülle

Reichtum
Schönheit
Glück

In Indien wird Lakshmi als Göttin des Reichtums und der Schönheit geschätzt. Man glaubt, jeder, der auf Lakshmi schaut, erfahre sofort ein Glücksgefühl. Sie wird in der Regel stets mit Vishnu, ihrem Partner, dargestellt, der als Bezwinger der Dunkelheit gilt.

Wohlstand zu erlangen, kann ein Bemühen darstellen, das viele kreative Kräfte erfordert. Lakshmi, als Göttin der Fülle, zeigt uns, dass Reichtum eine göttliche Gabe sein kann. Als heilige Verkörperung aller Formen des Wohlstandes ist sie in Indien wohl die populärste Göttin überhaupt. Sie wird auf Bildern oft auf leuchtenden Münzen sitzend abgebildet, so leuchtend wie das glückliche Schicksal, das sie ihren Anhängern verspricht.

Lakshmi gilt als Liebhaberin funkelnder Edelsteine, die Zeichen des Reichtums sind, den sie verleiht. Daher weisen viele ihrer Statuen Gold- und Edelsteinketten auf, umrandet von Lotosblüten.

Heiße Reichtum in jeglicher Form willkommen!

Lalita

Göttin der Liebe

Liebe
Flirten
Das Universum

Lalita wird in Indien als Göttin der Liebe und der Leidenschaft verehrt. Sinnvollerweise lautet ihr Namen in Übersetzung daher auch „die Liebende". Manche glauben, Lalita vergnüge sich damit, mit dem Universum zu spielen wie mit einem entflammten Liebhaber. Während sie dies tut, erschafft sie alle Formen des Lebens, so wie auch im Akt der Liebe neues Leben gezeugt wird.

In der tantrischen Tradition gilt sie als die Verkörperung einer dreifachen Göttin mit großer Schöpferkraft. Sie ist gleichsam der göttliche Gegenpol zu Kali, die neues Leben durch Zerstörung schafft.

*Die Liebe ist ein spielerisches Geschehen.
Erfreue Dich an ihr!*

Maia

Die Erzeugerin

Erneuerung
Frühling
Magie

Der griechische Name „Maia" für die Göttin des Frühlings und der Wiedergeburt meint „die Erzeugerin". In jedem Frühling erzeugt sie aufs Neue das Gras und die Blumen. Gleichzeitig wird sie verehrt als „Großmutter der Magie", da ihr Sohn, der Götterbote Hermes, die Geheimwissenschaften begründete.

Die scheue Maia lebt allein in einer Höhle auf dem Berg Cyllene in Arkadien. Obwohl sie ein zurückgezogenes Leben führt, erweckte ihre außergewöhnliche Schönheit doch die Aufmerksamkeit von Göttervater Zeus, der sie für eine Nacht besuchte. Aus dieser Nacht ging Hermes hervor. Sobald er geboren war, wusste Maia sofort um seine einzigartige Begabung. Während er noch ein Kind war, erschuf er seine erste Lyra, indem er Fäden über einen Schildkrötenpanzer spannte, und seine erste Panflöte aus Schilfrohr. Hermes, der erste Magier, gilt auch als der Begründer der Medizin und der Astrologie und als Entdecker der Buchstaben.

Um selbst zu erblühen, musst Du den Zauber zulassen, der Dich umgibt!

Maman Brigitte
Göttin der Friedhöfe

Tod
Auferstehung
Übergang

Als Göttin des Todes gilt Maman Brigitte auch als Herrscherin über die Friedhöfe. Als imposante, kraftvolle Frau erscheint diese Göttin häufig in Begleitung eines schwarzen Hahnes. Sie liebt scharfe Chilies und Trommelmusik. Wenn Maman Brigitte die Lebenden mit ihrer Anwesenheit beehrt, übernimmt sie manchmal einen Körper, um sich Ausdruck zu verleihen – was man als geistige Besitzergreifung bezeichnet. Eine solche Inbesitznahme gilt als Auszeichnung.

Man sagt, Maman Brigitte schütze jene, deren Gräber ein Kreuz trügen; denn dieses Kreuz öffne ihnen den Weg ins Reich der Auferstehung.

Was tot zu sein scheint, erwacht zu neuem Leben.
Halte Ausschau danach!

Mama Quilla
Mutter des Mondes

Zeit
Mutterschaft
Ehe

Neben ihrem Amt als „Göttin der Ehe" war Mama Quilla auch eine Mond-Göttin der Inkas. In manchen Erzählungen wird sie auch als Mutter des Sonnen-Gottes Manco Capac bezeichnet, der als der erste Inka gilt. Daher kann es nicht verwundern, wenn Mama Quilla auch mit dem Kalender in Verbindung gebracht wird, der Zeugnis für die Reise von Sonne und Mond ablegt.

Die Inkas glaubten, das sich Mama Quilla auf besondere Weise in der Frau ihres Häuptlings verkörpere. Daher bemühte sich diese sterbliche Frau, als Werkzeug für die göttlichen Kräfte des Mondes auf Erden zu wirken.

*So wie der Mond sich ständig wandelt,
wird sich Dein Leben verwandeln.*

Die Moiren

Die drei
Schicksalsgöttinnen

Schicksal
Lebenszyklus
Zeit

Im antiken Griechenland galten die Moiren allgemein als die drei Schicksalsgöttinnen. Sie waren es, welche die „Fäden des Schicksals" spannen. Die erste von ihnen war Clotho, welche den Lebensfaden wob. Die zweite war Lachesis, die darüber entschied, wie viel Lebenszeit dem Einzelnen zugemessen wurde. Die dritte wiederum, Atropos, schnitt den Faden ab, wenn die Zeit gekommen war.

Die Moiren waren verantwortlich für die Erschaffung, Erhaltung und Auflösung des Lebens, darin ähnlich vielen anderen Dreifach-Göttinnen auf der Erde. Ihre Macht war so groß, dass sie nicht nur die Sterblichen, sondern auch die Unsterblichen auf dem Olymp fürchteten.

Vertraue auf Dein Schicksal!

Die Musen

Die Göttinnen der Inspiration

Künste
Wissenschaft
Kreativität

Angerufen von Dichtern, Künstlern und Musikern, wachten die neun, den Nymphen ähnelnden Göttinnen über Künste und Wissenschaften im antiken Griechenland. Wer sie anrief, dem gewährten sie Inspiration in ihrer reinsten Form, indem sie buchstäblich den Geist in ihre schöpferischen Arbeiten gossen, um sie zum Leben zu erwecken.

Obwohl ihre Abstammung ungewiss ist, gelten sie allgemein als die Töchter der Mnemosyne, der Göttin der Erinnerung, und des Zeus. Anfänglich gab es nur eine Muse. Mit der Zeit wurden es jedoch neun, was auch ihren wachsenden Einfluss ausdrücken sollte. Jede von ihnen war mit einer der Künste befasst. Die Macht der Musen wird auch heute noch gepriesen, wenngleich wohl nur noch mit Worten. Der Ausdruck *amüsiert* geht auf den Zauber dieser gütigen Göttinnen zurück.

Halte Ausschau nach der Kunst,
die Dich inspiriert!

Mut
Die Ur-Mutter

Ernährung
Geburt
Schöpfung

Mut, was „Mutter" heißt, galt bei den Ägyptern als die Helferin bei der Geburt. Sie wurde als die „Mutter der Mütter" verehrt, denn man glaubte, der Kosmos sei aus ihr entsprungen. Sie wurde ursprünglich als Geier dargestellt oder als Frau mit einem Geierkopf; denn die Ägypter glaubten, die Geier würden sich ohne männliche Begattung fortpflanzen. Als Schutzgöttin von Theben galt Mut auch als die Gefährtin des Gottes Amun.

Frauen, die Verletzungen aus ihrer Mutterrolle davongetragen haben, begleitet Mut auf ihrem Weg, Heilung in sich selbst zu finden. Zwar kann die Vergangenheit nicht verändert werden, doch lassen sich mit ihrer Hilfe die Aufgaben der Zukunft meistern.

Es ist Zeit, für Dich selbst zu sorgen.
Heilung wartet auf Dich!

Nügua

Göttin der Drachen

Schöpfung
Glück
Menschlichkeit

Diese alte chinesische Göttin trug der Überlieferung nach einen Drachenschwanz. In der chinesischen Tradition gelten Drachen als glückbringend und sind mit dem Wasser verknüpft, dem universellen Symbol für Reichtum und Fruchtbarkeit.

Da Nügua die erste Gottheit war, die auf der Erde nach ihrer Erschaffung lebte, empfand sie Einsamkeit. Um ihre Zeit zu vertreiben, vermengte die Göttin Erde und Wasser und formte etwas, das sie Lehm nannte. Aus diesem Lehm gestaltete sie eine Anzahl kleiner Figuren. Indem sie diese mit ihrem Atem anhauchte, erschuf sie die ersten Menschen. Aufgrund dieser Handlung gilt Nügua als Schöpferin des Lebens.

*Teile Deine Kreativität mit der Welt,
und Du wirst nicht länger einsam sein!*

Nut

Göttin des Himmelsgewölbes

Himmel
Sterne
Schutz

Nut, was wörtlich übersetzt „Nacht" heißt, wurde von den Ägyptern als Muttergottheit verehrt, als die physische Verkörperung des Nachthimmels. Gemälde zeigen sie als wunderschöne nackte Frau, mit Sternen bedeckt, deren Körper sich als schützender Bogen über die Erde spannt. Sie war verheiratet mit Geb, dem Gott, der die grüne Erde repräsentierte.

Ein Mythos der Ägypter erzählt, dass der Sonnengott Ra jeden Morgen aus ihrem Schoß geboren wird, wobei das rosafarbene Licht der Morgenröte ihr Blut symbolisiert, das austritt, indem sie ihn in den Himmel hinausstößt. Man glaubte auch, die Toten würden in Nuts Himmelsgewölbe aufgenommen, wo die Göttin sie in Ewigkeit ernähren und beschützen würde.

Jede Nacht wirst Du neu geboren.
Fange von vorne an!

Nyai Loro Kidul

Göttin des Meeres

Macht
Verführung
Verwandlung

Die Königliche Familie von Java leitet ihre göttliche Herrschaft von Nyai Loro Kidul ab, der Meerjungfrau der Südsee. Eine populäre Legende erzählt, dass die Göttin im 16. Jahrhundert den König von Java geheiratet und ihn gelehrt habe, die Geister zu beherrschen, wodurch er weise zu herrschen vermocht habe. Eine andere Geschichte ähnelt jener von Dornröschen. Nyai Loro Kidul wurde von einer bösen Stiefmutter vergiftet. Um sich zu heilen, stürzte sie sich ins Meer, wo sie in eine Göttin verwandelt wurde.

Heute fürchten die Sterblichen den verführerischen Zauber dieser Göttin. Sie glauben, Nyai Loro Kidul suche nach Männern, um ihr in ihrem Unterwasserreich zu dienen. Jene, die aus ihrem Reich zurückgekommen sind, berichten von ihrer unwiderstehlichen Anziehungskraft – eine Verführungskraft so unergründlich wie der tiefste Ozean.

Eine machtvolle Kraft ruht in Dir.
Lasse sie nicht ungenutzt!

Ogboinba
Göttin der Prophezeiung

Heilung
Zukunft
Unzufriedenheit

Ogboinba war die Tochter von Woyengi, der Muttergöttin Nigerias. Obwohl Ogboinba über magische Fähigkeiten verfügte, mit denen sie die Kranken heilen und die Zukunft vorhersagen konnte, war sie unzufrieden. Sie wollte schwanger werden, etwas, was sie nicht aus eigener Kraft vermochte. Obwohl sie die „sieben Reiche" durchwanderte und ihr Leben riskierte, blieb sie kinderlos.

Die Geschichte der Ogboinba erinnert uns an die Kraft der Genügsamkeit und Zufriedenheit. Obwohl die Göttin über zahllose Fähigkeiten verfügte, konnte sie kein Glück in sich finden. Wenn wir unsere ganze Zeit damit verbringen, unsere Begierden zu befriedigen, versäumen wir es, all das zu schätzen, was uns schon zu eigen ist.

Obwohl es gut ist, nach etwas Verlangen zu empfinden, ist es manchmal besser, genügsam zu sein.

Oshun

Göttin der Bescheidenheit

Wasser
Liebe
Fruchtbarkeit

Die Yoruba Göttin Oshun ist so schimmernd wie der afrikanische Fluss, der ihren Namen trägt. Oshuns Schönheit ist atemberaubend. Ihre dunkle Haut glänzt wie Samt, und ihr außergewöhnlicher Kopfschmuck ist aus leuchtenden Federn zusammengesteckt, die ihre funkelnden Augen betonen. Oshun wird in Afrika und in der Karibik verehrt, vor allem von jenen Menschen, die sich nach Liebe sehnen. Die Fruchtbarkeit der Frau, ein Ergebnis der Liebe, fällt unter die vielen Zuständigkeiten dieser Wassergöttin.

Obwohl sie als bescheiden gilt, erfreut sich Oshun doch an ihrer Verehrung. Um begehrenswert zu bleiben, schmückt sich diese Göttin mit Juwelen, mit Kupferschmuck und edler Seide. Daher wird Oshun auch mit Reichtum in Verbindung gebracht. Man glaubt, sie trage sieben Armreifen auf ihren gütigen Armen und einen Spiegel an ihrem Gürtel, um ihre göttliche Schönheit zu betrachten.

Um die Liebe einzuladen, musst Du die Schönheit in Dir selbst entdecken!

Oya

Göttin der Winde

Wortgewandtheit
Stärke
Führungskraft

Die Yoruba glauben, dass der Niger von einer machtvollen Göttin bewacht wird, welche den Namen Oya trägt. Sie verfügt über eine bezaubernde, aber durchdringende Sprache, und viele betrachten sie als die Göttin der weiblichen Führungsstärke. Ihre Wortgewandtheit hilft den Frauen, mit Selbstvertrauen und Stärke zu sprechen.

Oya ist eine Göttin, der man sich mit großem Respekt nähern sollte. In Nigeria stehen Altäre für sie in vielen Hausecken. Oft sind sie aus Lehm gefertigt, und um sie herum werden magische Amulette und Objekte drapiert. Das Schwert symbolisiert die schneidende Kraft ihrer Worte. Auch Ketten mit roten, orangefarbigen und braunen Glasperlen symbolisieren sie, dazu Büffelhörner und Heuschreckenschalen. Um sie zu erfreuen, opfert man Oya, der Göttin des Windes, kleine Schalen mit Aubergine und *akara*.

*Wenn die Zeit gekommen ist,
wirst Du mit Autorität Deine Stimme erheben!*

Pajau Yan
Die Mondfrau

Glück
Gesundheit
Veränderungen

In Vietnam wird Pajau Yan als Mondfrau angerufen, eine gütige Göttin, die ihren Verehrern Gesundheit und Glück verspricht. Ihr Fest wird am ersten Tag des abnehmenden Mondes gefeiert. Man glaubt auch, dass die Mondfinsternisse ihre Art sind, die Sonne zu verehren.

Eine Legende berichtet, dass Pajau Yan ursprünglich auf der Erde residierte. Sie wurde auf den Mond verbannt, weil sie nicht aufhören wollte, die Toten zu neuem Leben zu erwecken. Dieser Mythos soll ausdrücken, dass wir nicht verändern sollen, was schon stattgefunden hat. Wir können nur unseren Frieden damit machen. Doch auch von ihrem himmlischen Wohnort aus teilt Pajau Yan ihren Segen mit der Menschheit.

*Was immer auch an Veränderungen eintreten mag,
Du wirst Deinen inneren Frieden bewahren!*

Pele
Göttin des Feuers

Vulkane
Leidenschaft
Zorn

Die Einwohner von Hawaii glauben an eine ungestüme Gottheit mit Namen Pele. Pele herrscht über alle Arten des Feuers, besonders aber über die Lava, die aus Vulkanausbrüchen strömt. Berühmt für ihre Liebesaffären und ihr heißes Temperament, erscheint Pele ihren Verehrern oft in der Verkleidung eines wunderschönen Mondwesens. Andere wiederum behaupten, sie wäre ihnen als hässliches altes Weib begegnet, mit brauner Haut, verschrumpelt wie verkrustete Lava. In welcher Form sie auch immer erschienen ist, alle, denen sie begegnet ist, behaupten übereinstimmend, sie sei ungestüm, mit der Fähigkeit zu erschaffen und zu zerstören.

Die Kraft des Zorns kann uns helfen, unser Leben zu verbessern. Peles Erscheinungsformen, als hässliche Alte oder verführerische Schönheit, deuten den inneren Aufruhr an, der sich in einer Frau abspielen kann. Sie zeigen die Hässlichkeit und Unzufriedenheit an, die zornige Frauen verkörpern – und die ungeheure Kraft, die im Zorn verborgen schlummert.

Der heilige Zorn wird Dir Kraft schenken!

Persephone
Die Jungfrau

Die vier Jahreszeiten
Sexualität
Unschuld

Persephone, die Tochter der Erntegöttin Demeter, wurde von den Griechen der Antike als die Königin der Unterwelt verehrt. Sie gilt auch als der Jungfrau-Aspekt der dreifachen Göttin.

Persephones Verwandlungsreise von der Jungfrau zur Königin der Unterwelt wurde ausgelöst, als Pluto, der Gott des Todes, sie entführte. Ihr Herz blieb ungerührt von allen Anbetungsversuchen ihres Entführers. Stattdessen weinte sie um ihre Mutter und weigerte sich, zu essen. Schließlich nahm sie sechs Samen des Granatapfelbaumes zu sich. Diese Tat entschied ihr Leben als Göttin, denn es symbolisierte die zögerliche Annahme ihrer Sexualität und die Anerkennung von Pluto als ihrem Gemahl. Zugleich bezeichnete es die Trennung von ihrer Mutter. Ein Samenkorn für jeden Trennungsmonat.

Mit diesem Mythos drückten die Griechen auch die Erschaffung von Winter und Frühling aus.

Lasse Deine innere Unschuld zu einer Quelle der Kraft für Dich werden!

Psyche
Die Seele

Liebe
Verwandlung
Reife

Psyche begann ihr Dasein im Griechenland und Rom der Antike als sterbliche Frau, deren überirdische Schönheit ihr auf einzigartige Weise den Status der Göttin sicherte und die Liebe eines mächtigen Gottes. Cupido, der attraktive Sohn der Venus, verliebte sich in das Mädchen, als er sie eines Nachts im Schlaf beobachtete. Ehe sie jedoch seine Gefährtin werden durfte, musste sie sich zahlreicher Prüfungen unterziehen, um ihre Qualitäten zu beweisen.

Psyche ist das Symbol für die Frau, deren Seele sich aus Liebe in Weisheit verwandelte; daher meint das griechische Wort *psyché* sowohl Seele als auch Schmetterling. Daher wird Psyche oft als Wesen mit durchsichtigen Schmetterlingsflügeln dargestellt, um auf ihre Verwandlung von einer sterblichen Jungfrau zu einer Göttin hinzuweisen. Bekannterweise wird auch für die letzte Verwandlung des Menschen im Tod auf das Gleichnis vom Schmetterling und der Raupe zurückgegriffen.

Lasse die Liebe Deine Seele verwandeln! Du bist reif dafür.

Rati

Göttin der Sexualität

Leidenschaft
Liebe
Schwangerschaft

Rati, die in Indien verehrt wird, ist eine wunderschöne hochschwangere Frau. Ihre leidenschaftlichen Kräfte weisen Ähnlichkeiten mit der römischen Liebesgöttin Venus auf. Obwohl Rati die Tochter des feurigen Sonnengottes Daksha war, wird sie mit dem Element Wasser in Verbindung gebracht. Die Apsaras, die wandelbaren Wassergöttinnen, zählen Rati zu den ihren. Bekannt für ihre zauberischen Kräfte, wechseln die Apsaras häufig ihre Gestalt und erscheinen in Form einer verführerischen Frau, der man nicht widerstehen kann.

Ratis Leidenschaft inspirierte ein Buch, ähnlich dem Kamasutra, das den Titel Ratirahasya trägt – die „Geheimnisse der Liebe". Die Geheimnisse der indischen Liebesgöttin werden darin detailliert enthüllt, mit dem Ziel, den Liebenden größere Lust zu schenken.

Nimm Deine Leidenschaft an!

Rhiannon

Die reitende Göttin

Fortschritt
Erfüllung
Verlangen

Im *Mabinogion*, einer Sammlung walisischer Mythen, wird die reitende Göttin Rhiannon als unsichtbare Zauberin beschrieben, die ein goldenes Gewand trägt. Pwyll, der Prinz von Dyfed, verliebte sich in sie, nachdem er die ätherische Schönheit ihres Pferdes ausspioniert hatte. Obwohl er glaubte, sie sei eine Göttin, stand er unerschrocken zu seiner Liebe. Er trieb sein eigenes Pferd zu größter Schnelligkeit an, um an ihre Seite zu gelangen. Doch so schnell er auch galoppierte, es gelang ihm nicht.

Erschöpft bat er schließlich Rhiannon, auf ihn zu warten, was sie auch tat. Als er sie fragte: „Warum hast Du nicht früher angehalten?", bekam er zur Antwort: „Warum hast Du nicht früher gefragt?" So nahm Rhiannon schließlich Pwyll als ihren Gefährten an. Die Geschichte von Rhiannon und Pwyll soll ausdrücken, dass unsere Wünsche letztlich Erfüllung finden können. Manchmal bedarf es, um dieses Ziel zu erreichen, nur einer Frage.

Handele, um Dein Ziel zu erreichen.
Jetzt ist die Zeit dafür!

Saci

Göttliche Kraft

Stärke
Führungskraft
Beobachtungsgabe

Saci ist die Frau Indras, weshalb sie auch den Namen Indrani trägt. Sie ist die herrschende Göttin der hinduistischen Mythologie in ihrer vedischen Epoche. Diese Göttin ist bekannt für ihre physische Stärke, weshalb ihr der Löwe und der Elefant zugeordnet werden, zwei Tiere mit außergewöhnlichen Kräften. Einige Legenden berichten, sie verfüge über tausend Augen in ihrem wunderschönen Gesicht, was auf ihre außergewöhnliche Beobachtungsgabe hinweisen soll.

Eine andere Überlieferung sieht Saci auch als die Göttin des Zornes und der Eifersucht. Was allerdings ausdrücken soll, welche unangenehmen Reaktionen eine starke weibliche Gottheit auslösen kann.

Unternimm alle erforderlichen Anstrengungen, um Deine physische Stärke zu entfalten!

Saraswati

Göttin der Weisheit

Weisheit
Bildung
Musik

Saraswati, die indische Göttin der Weisheit, wird vor allem von Studenten, Schriftstellern und Musikern verehrt. Sie ist außergewöhnlich schön und überaus gütig, und sie wird leicht an ihrer blendend weißen Haut sowie ihrer entzückenden Kleidung erkannt. Ein Mythos überliefert, wie Saraswati und ihr Gemahl Brahma aus einem goldenen Ei geboren werden, das aus dem Meer emporsteigt. Sie erschufen dann alle Geschöpfe und verankerten die Weisheit in der Welt.

Saraswati vertreibt alle Unwissenheit und lehrt alle jene, die sich nach ihrer erleuchtenden Gegenwart sehnen. Gemälde zeigen sie auf einem Lotos-Thron in Begleitung eines weißen Schwanes. Der Schwan gilt als Tier, das über die Fähigkeit verfügt, Milch vom Wasser trennen zu können, womit angedeutet werden soll, dass er zwischen guten und schlechten Taten zu unterscheiden weiß.

Die Erleuchtung wartet bereits auf Dich.
Bereite Dich für sie vor!

Sekhmet

Die Machtvolle

Magie
Stärke
Die Unterwelt

Diese furchtlose ägyptische Göttin wird mit der Sonne in Verbindung gebracht und erscheint in der Gestalt eines Löwen oder einer löwenköpfigen Frau. Sekhmet war bekannt für ihre Jagdleidenschaft sowie die Freude an Krieg und Kampf. Sie gilt als „Die Machtvolle", als Herrscherin über Rache, Stärke und Magie, die aufgrund ihrer Kraft Veränderungen in der Welt herbeiführt.

Sekhmet war auch eine Göttin der Unterwelt und besaß eine besondere Verbindung zur Kunst der Mumifizierung. Für die Ägypter war das Mumifizieren ein magisches Ritual, das dem physischen Körper ein ewiges Leben verlieh. Wahrscheinlich sollte das Ankh, das ägyptische Lebenskreuz, mit dem Sekhmet oft abgebildet wird, diesen Glauben an die Unsterblichkeit ausdrücken.

*Schöpfe Kraft auch aus
der dunklen Seite Deines Wesens.*

Shakti
Die Göttliche Energie

Weiblichkeit
Sexualität
Lebenskraft

Die göttliche Shakti wird in Indien in unterschiedlicher Form verehrt. In der tantrischen Tradition stellt sie das machtvolle weibliche Gegenstück zur männlichen Energie dar. In der vedischen Religion ist sie die Göttin der Sexualität und Gemahlin von Shiva, der vielleicht als die älteste Göttergestalt der Menschheit betrachtet werden kann.

Shakti heißt in wörtlicher Übersetzung „göttliche Energie", was sicher eine angemessene Bezeichnung für eine Gottheit ist, die alle Geschöpfe belebt. Diese ursprüngliche Göttin verkörpert die aktive Schöpferkraft und belebt sie in allen Wesen.

Fühle, wie die göttliche Kraft Dich erfüllt.
Nutze sie, um in Deinem
Leben voranzukommen!

Sophia

Weibliche Weisheit

Die Seele
Weisheit
Reinheit

Die Göttin Sophia ist die Verkörperung der weiblichen göttlichen Weisheit, was auch die wörtliche Übersetzung ihres griechischen Namens ist. Im Nahen Osten des Altertums schenkte sie den Menschen Weisheit und inspirierte die Dichtung und die Künste. Sophia verkörpert die Seele in ihrer reinsten Form, weshalb sie in der Kunst auch als Taube abgebildet wird.

In späterer Zeit wird sie in der Gnosis auch zum Symbol des Heiligen Geistes. Die Gnosis, das griechische Wort für Erkenntnis, spielte eine bedeutende Rolle in der frühen Christenheit. Einige gnostische Traditionen sahen in der Sophia sogar die eigentliche Mutter Christi. Die Gnostiker glaubten, dass die Erkenntnis den Menschen von den Banden der Unwissenheit befreien konnte, indem sie das Tor für den göttlichen Funken in jedem Menschen öffnete und ihm so die Rückkehr in die unerkennbare Quelle allen Lebens ermöglichte.

Lausche auf die Weisheit Deiner Seele!

Spinnenfrau

Göttin der Schöpferischen Kraft

Verbindungen
Schöpfungskraft
Mannigfaltigkeit

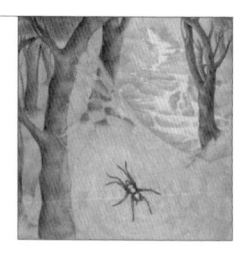

Viele Hochkulturen lehrten, dass die ganze Schöpfung einem filigran gewobenen kosmischen Netz gleiche. Die Pueblo Indianer glaubten, dass dieses Netz von einer Göttin gewoben wird, die so machtvoll ist, dass man ihren Namen nicht ausspricht. Manche nannten diese Göttin die „Spinnenfrau".

Die „Spinnenfrau" existierte bereits vor der Erschaffung der Welt. Indem sie ihr Netz spann und sang, erschuf sie die vier Richtungen des Universums. In diesen heiligen Raum gebar sie ihre Töchter Ut Set und Nau Ut Set. Indem diese ihrer Mutter nacheiferten, erschufen sie die Sonne, den Mond und die Sterne. Als die „Spinnenfrau" ihr Netz verfeinerte, entstanden die Berge, die Meere und die Wüsten. Auch die verschiedenfarbigen Menschenrassen formte sie aus verschiedenfarbigem Lehm. Zum Schluss verband sie jedes menschliche Wesen mittels eines letzten Fadens mit ihr.

*Finde Wege,
um die Schicksalsfäden zu verknüpfen!*

Tara

Göttin des helfenden Mitgefühls

Mitgefühl
Wunscherfüllung
Unterstützung

Der Tibetische Buddhismus glaubt, die Göttin Tara habe die Kraft, alle Sorgen zu heilen und Wünsche zu erfüllen. Die wörtliche Übersetzung von Tara lautet: „Jene, die beim Übergang hilft." Damit soll ausgedrückt werden, dass Tara behilflich ist, vom Problem zur Lösung zu finden.

Die Legende sagt, Tara sei die erste Frau gewesen, die ein weiblicher Buddha werden wollte. Dafür habe sie zehn Millionen Jahre für das Wohl der Menschheit gebetet. Dann sei sie in eine Göttin verwandelt worden, deren einziges Ziel es war, das Leid der Welt zu mindern.

Tara wird in verschiedenen Farben dargestellt, was ihre unterschiedlichen Aufgabenbereiche andeuten soll. Die weiße und die grüne Tara sind besonders beliebt. Die weiße Tara verkörpert das Mitgefühl, die grüne die Erfüllung der Wünsche ihrer Verehrer.

*Dein Wunsch wird Erfüllung finden,
wenn Du um Hilfe bittest!*

Tlazolteotl

Die Vernichterin des Unreinen

Reinigung
Sinnlichkeit
Magie

Tlazolteotl galt in den Legenden der Azteken als die mächtige Göttin der Sexualität und die Schutzpatronin der Hebammen. Statuen zeigen sie als die Schöpferin der Sonne. Das Reich dieser Göttin erstreckt sich von der tiefsten Sinnlichkeit bis hin zur Praxis der Schwarzen Magie.

Später wurde Tlazolteotl die Rolle zugesprochen, ihre Anhänger nach dem Tod von ihren Sünden zu befreien, nachdem sie diese bekannt hatten. Daher erhielt sie den Ruf der „Vernichterin des Unreinen" und wurde verehrt aufgrund ihres Dienstes an der Menschheit.

Schau nach innen und sei ehrlich mit Dir selbst. So wirst Du den Weg zur Freiheit finden!

Ukemochi

Göttin der Großzügigkeit

Fruchtbarkeit
Güte
Opfer

In Japan glaubte man einst, alle Nahrungsmittel der Erde seien von Ukemochi erschaffen worden, einer gütigen und freundlichen Göttin. Aufgrund ihres Wirkens musste niemand einen Mangel erleiden.

Als sie starb, ließ Ukemochi ihren Körper fortwährend Nahrungsmittel für die Menschheit erzeugen. Getreide wuchs aus ihrer Stirn, und die Samen verstreuten sich weit über die Felder und machten sie fruchtbar. Reispflanzen entsprangen ihrem Bauch und vermehrten sich. Aus ihren dunklen Augenbrauen kamen Seidenraupen hervor, die regenbogenfarbige Seide spannen, um die Götter und Göttinnen zu kleiden. Später vermischte sich die Geschichte von Ukemochi mit jener der japanischen Reisgöttin Inari.

Sei großzügig zum Nutzen anderer.
Du hast alle Möglichkeiten dafür.

Venus

Die Königin der Lebenslust

Leidenschaft
Liebe
Sinnlichkeit

Venus war die römische Göttin der Liebe. Aus der Vereinigung von Meer und Himmel hervorgegangen, wurde Venus aus Meeresschaum und Wasser aus einer Muschel geboren. Sie wurde auch der „Meeresstern" genannt und von ihren Anbetern als die „Königin der Lust" verehrt. Seit Jahrhunderten empfangen Künstler und Dichter Inspiration von ihr.

Venus ist jene Göttin, welche die Menschen zur Liebe anregt, damit die Menschheit sich weiter fortpflanzt. Bei den Griechen hatte Aphrodite diese Rolle inne, was wörtlich übersetzt ebenfalls heißt: „Die aus dem Schaum Geborene". Ihre Helferinnen, die drei Grazien – Glanz, Frohsinn und Glück – versinnbildlichen die Gaben, welche diese Göttin den Sterblichen verleihen kann.

Liebe wird Dir Vergnügen bereiten.

Xochiquetzal
Göttin der Blumen

Glück
Die Künste
Liebe

Die Azteken, die im Mittelalter das riesige Reich Mexikos beherrschten, glaubten an eine Blumengöttin, die sie Xochiquetzal nannten. Die gelbe Ringelblume war ihre heilige Blume, denn Xochiquetzal heißt wörtlich „die gefederte Blume", was auf die Blütenblätter der Ringelblume verweist. Sie ist eine der glückverheißenden Göttinnen der Azteken und beschützte den Tanz, die Musik, das Handwerk – und die Liebe. Dementsprechend wurde ihr Zwillingsbruder, Xochipilli, als Gott der Lust verehrt.

Xochiquetzal lebte auf einer Bergspitze oberhalb der „neun Himmel". Ihr wundervoller Blumengarten wurde bevölkert von lieblichen Zwergen, tanzenden Jungfrauen und Musikern. Die Azteken glaubten, dass jene, die Xochiquetzal treu blieben, in alle Ewigkeit mit ihr in diesem paradiesischen Garten weilen würden.

Nimm Dir Zeit, um alle Freuden zu schätzen, die das Leben Dir schenkt!

Yemanja

Die Königin der Meere

Fruchtbarkeit
Gnade
Die Meere

Yemanja wurde einst in Santorin als Göttin des Wassers verehrt. Sie war die Tochter des Erdgottes Oddudua und die Schwester und Tochter des Gottes Aganju. Als Muttergöttin nahm sie eine herausragende Position im Pantheon dieser alten Religion ein.

Der Mond, das Meer und die Frauen – Symbole für den ewigen Zyklus des Lebens – fallen alle in Yemanjas Herrschaftsbereich. Da sie eine machtvolle Göttin des Wassers ist, wird sie auch als „Königin der Meere" angebetet. Sie wacht über jedes Wasserwesen und schenkt den Regen, der die Erde nährt. Das Meer steht auch als Synonym für das Fruchtwasser der Frau, weshalb Yemanja auch für die Fruchtbarkeit zuständig ist.

*Gib Dich dem Strom des Lebens hin.
Er wird Dich dorthin bringen, wo Du sein musst.*

Zhinu

Die Himmelsweberin

Das Sternenzelt
Kreativität
Originalität

Die chinesische Göttin Zhinu ist die Schutzpatronin der Weberinnen. Sie ist verantwortlich für die Herstellung der exquisiten Roben, die von den Himmelsherrschern getragen werden, und ähnelt in ihrem Verhalten einem Elfenwesen.

Zhinu wird auch mit dem Sternenhimmel verbunden, dessen Bewegungen das Schicksal anzeigen. Man glaubt, sie wohne im funkelnden Sternbild von Lyra und Vega. Daher wird sie auch mit der Erschaffung der Milchstraße in Verbindung gebracht. Einst verliebte Zhinu sich in einen sterblichen Hirten und begann, sehr zum Missvergnügen der Unsterblichen, ihre Weberei zu vernachlässigen. Um die beiden Liebenden zu trennen, zogen die Götter einen Sternenfluss zwischen ihnen. Aber ein Schwarm Elstern empfand Mitgefühl und formte eine Brücke über die Milchstraße, auf welcher die Liebenden wieder zueinander fanden. *Lasse Dich von den Sternen inspirieren! Finde Deinen eigenen Weg, um alle Hindernisse auf Deinem Pfad zur Seite zu räumen!*

Die Zorya
Die Schutzgöttinnen

Sonne
Universum
Schutz

Überall auf der Welt finden sich Dreifach-Göttinnen, die für das Wohlergehen der Erde verantwortlich sind. In der Regel symbolisieren diese drei Göttinnen die drei Lebensstufen der Frau – Jungfrau, Mutter und Großmutter. Die universelle Präsenz dieser Dreifach-Göttinnen zeigt die Stärke und Bedeutung des Göttlich-Weiblichen überall auf der Welt an. In der russischen Folklore sind die Zoryas eine derartige Trinität.

Die Zoryas repräsentieren die unterschiedlichen Tageszeiten, nach denen sie auch benannt sind. Die erste Göttin ist der Morgenstern; die zweite der Abendstern; und die dritte die Mitternacht. In der slawischen Mythologie dienen die Zoryas zwar dem Sonnengott, sind aber zugleich auch Wächterinnen des Universums. In dieser Funktion hüten sie den schrecklichen „Hund des Jüngsten Tages", der angebunden ist im Sternbild Ursa Minor, dem Kleinen Bären.

Finde Frieden im Herzen.
Die Göttinnen wachen über Dir!

Teil drei

Zusätzliche Informationen

Über die Bilder

Die meisten der in „Die Weisheit der Göttinnen" enthaltenen Gemälde wurde ursprünglich für die Jubiläumsausgabe von „The Book of Goddesses" gemalt. Einige erschienen auch schon in früheren Veröffentlichungen. Die einzige Ausnahme ist das Bild für „Gaia", das speziell für dieses Kartendeck erstellt wurde.

Da einige Gemälde schon im „Goddess Tarot" abgedruckt wurden, bekommen sie hier ein anderes Format. Damit soll auch die andere Absicht als im Tarot ausgedrückt werden, denn hier geht es ausschließlich um das Göttlich-Weibliche-Prinzip. Ich arbeite zwar gerne und schon über zwei Jahrzehnte mit dem Tarot, doch muss dabei eine bestimmte Einschränkung immer beachtet werden. Dennoch hat das „Goddess Tarot" viele Menschen weltweit mit den Mythen der Göttinnen in Kontakt gebracht.

Die Mehrheit der hier abgedruckten Gemälde wurde mit Wasserfarben gemalt. Guache und Bleistift, einfarbig und bunt, wurden für die Details verwandt. Als Papier diente ein 90gr. Papier aus reiner Baumwolle, das auf einer Holzunterlage aufgespannt war. Die Bilder wurden auf Papier gedruckt und anschließend gescannt, so dass die ursprüngliche Energie der Gemälde weitgehend erhalten blieb.

Von wenigen Ausnahmen abgesehen, erhalten die Göttinnen Frauengestalt, wobei Bekleidung, Schmuck und Erscheinungsbild von der jeweiligen Kultur abhängen, zu der sie gehören. Manchmal habe ich Freundinnen gebeten, mir Modell zu stehen, wenn sie der einen oder anderen Göttin zu ähneln schienen. Manchmal war es eine physische Ähnlichkeit, manchmal ging es um die Lebensgeschichte. Die Demeter-Figur hatte beispielsweise gerade ein Kind zur Welt gebracht. Diese Vorgehensweise machte die Göttinnen einerseits persönlicher, andererseits drückte sie aus, was ich zutiefst glaube, dass das Heilige menschlich und das Menschliche heilig ist.

Ich habe mich intensiv mit dem Studium von Göttinnen-Gemälden und Skulpturen befasst, sogar mit Navajo Sandzeichnungen, wie für „Changing Woman". Viele Gemälde enthalten daher traditionelle Motive, die aus den Kulturen stammen, denen die jeweiligen Göttinnen entspringen.

Die Abbildung auf der Rückseite der Karten zeigt eine heitere Mondgöttin. Sie ist eine ganz normale Frau, alterslos und ohne Zuordnung zu einer Rasse. Ihre Augen blicken nach innen, um die natürliche Weisheit jeder Frau auszudrücken. Die Flügel an jeder Seite ihres Kopfes symbolisieren den freien Flug der Gedanken zu lichten Reichen.

Meine Absicht mit den Göttinnen-Gemälden war es, mit einem konzentrierten Überblick diese heiligen Frauen gleichsam wie funkelnde Juwelen vorzustellen. Daher ähneln manche Bilder den Illustrationen von kostbaren Manuskripten des Mittelalters oder der Renaissance. Die graphische Gestaltung spiegelt diese Absicht wider, indem sie eine dekorative Umrandung und Ornamente verwendet. Mögen diese Karten kleine Kostbarkeiten werden, um die Inspiration des Göttlich-Weiblichen zum Ausdruck zu bringen.

Über Kris Waldherr

Die Illustrationen der Autorin, Malerin und Designerin Kris Waldherr sind all denen gut bekannt, die sich mit Mythologie und den Göttinnen befasst haben. Ihre Bücher erschienen bisher in zahlreichen, sehr angesehenen amerikanischen Verlagen. Kürzlich veröffentlichte sie ihren ersten Roman „The Lover's Path". Ihre zahlreichen Kunstwerke wurden in etlichen Galerien und Museen der USA gezeigt, darunter auch im *National Museum of Women in the Arts*. Sie hat einen BFA der „School of Visual Arts" erworben.

Kris Waldherr lebt und arbeitet mit ihrem Mann, dem Anthropologen Thomas Ross Miller, und ihrer Tochter Thea in Brooklyn.

Um mehr über sie zu erfahren, können Sie ihre Website aufsuchen: www.artandwords.com oder www.kriswaldherr.com.

Göttinnen Kalender

Taschenkalender, 160 Seiten

Die ewige Kraft des Weiblichen
im Alltag ausleben!
Ein inspirierender Kalender, der die
Schönheit und Kraft der Göttin in den
Jahreslauf einfügt.
Der Beginn einer neuen Zeit bringt
auch die Wiederentdeckung der
weiblichen Seite des GÖTTLICHEN
mit sich. Neben den Beschreibungen
der ehrwürdigen, inspirierenden
oder sinnlichen Göttinnen enthält
dieser Kalender auch Hinweise auf
die Verehrung des Weiblichen im
Jahreszyklus, die großen Festtage, die
Verbindung der Göttinnen mit dem
Mond und mit den Elementen.
Ein Kalender für Frauen, die ein neues
Selbstbewusstsein leben wollen!

Jedes Jahr neu gestaltet

Tiziana Mattera
Das Elfen-Orakel
Botschaften aus dem Reich der Naturgeister

Das Buch zum Karten-Deck:
Pbk., 200 Seiten, ISBN 978-3-89427-139-8

Das Karten-Deck:
54 farbige Karten, ISBN 978-3-89427-148-0

Ein Buch und ein Karten-Deck, das die zwei Seiten der Naturgeister treffend widerspiegelt! Zum einen enthält es ein zauberhaftes, witziges und freches Kartenspiel, auf dem 54 schelmische Naturgeister in die Welt blicken. Die kleinen Burschen sind allerliebst, und jeder, der sie sieht, wird sie sofort in sein Herz schließen. Zum anderen gibt es zu den Karten ein Buch, das sowohl die Herkunft des jeweiligen Naturwesens erklärt als auch seine Heimat und wann es zuerst von einem Menschen wahrgenommen wurde. Dann wird seine Aufgabe erläutert, und zum Abschluss vermittelt jedes dieser lichten Geschöpfe eine Botschaft für die Menschenwelt. Dabei wird der Leser mit Verblüffung feststellen, welche tiefe Weisheit und berührende Poesie in den Botschaften der Elfen und Zwerge verborgen liegt.